本书得到国家社会科学基金特别委托项目"山东与韩国经贸合作的实践经验研究"(项目号:15@ZH046)的支持

黄河国家战略背景下
山东半岛城市群"龙头"建设研究

张述存 王韧 著

中国社会科学出版社

图书在版编目（CIP）数据

黄河国家战略背景下山东半岛城市群"龙头"建设研究/张述存，王韧著.—北京：中国社会科学出版社，2021.10
ISBN 978-7-5203-8657-9

Ⅰ.①黄… Ⅱ.①张… ②王… Ⅲ.①山东半岛—城市群—研究 Ⅳ.①F299.275.2

中国版本图书馆 CIP 数据核字（2021）第 120445 号

出 版 人	赵剑英
责任编辑	李庆红
责任校对	周 昊
责任印制	王 超

出　　版	中国社会科学出版社
社　　址	北京鼓楼西大街甲 158 号
邮　　编	100720
网　　址	http://www.csspw.cn
发 行 部	010－84083685
门 市 部	010－84029450
经　　销	新华书店及其他书店
印　　刷	北京君升印刷有限公司
装　　订	廊坊市广阳区广增装订厂
版　　次	2021 年 10 月第 1 版
印　　次	2021 年 10 月第 1 次印刷
开　　本	710×1000　1/16
印　　张	10.5
插　　页	2
字　　数	151 千字
定　　价	58.00 元

凡购买中国社会科学出版社图书，如有质量问题请与本社营销中心联系调换
电话：010－84083683
版权所有　侵权必究

目　录

第一章　导论 ………………………………………………………… 1
　　第一节　都市区、都市圈与城市群的概念界定 ……………… 1
　　第二节　高质量发展背景下城市群建设的战略意义 ………… 5
　　第三节　城市群发展的顶层设计与制度安排 ………………… 6
　　第四节　黄河国家战略的整体推进与突破进展 ……………… 10

第二章　黄河流域城市群发展的整体概况 ………………………… 14
　　第一节　黄河流域城市群发展的战略背景 …………………… 14
　　第二节　黄河流域城市群发展的现状特点 …………………… 16
　　第三节　黄河流域城市群发展的短板弱项 …………………… 19

第三章　黄河国家战略下山东半岛城市群发展概况 ……………… 23
　　第一节　山东半岛城市群的"龙头"发展定位 ……………… 23
　　第二节　山东半岛城市群的"龙头"发展基础 ……………… 24
　　第三节　山东半岛城市群"龙头"引领的制约因素 ………… 30

第四章　国内外超大城市群建设的经验与启示 …………………… 32
　　第一节　国外世界级城市群的发展特点 ……………………… 32
　　第二节　国内五大城市群的发展特点 ………………………… 36
　　第三节　与山东半岛城市群的比较分析 ……………………… 40
　　第四节　对山东半岛城市群发展的启示 ……………………… 46

第五章　打造黄河下游绿色生态廊道 …… 48

第一节　建设黄河下游绿色生态廊道的总体思路 …… 48
第二节　绿水战略：推进水资源保护和高效利用 …… 50
第三节　绿洲战略：着力保护好黄河三角洲 …… 59
第四节　绿岸战略：推进沿黄两岸农业高质量发展 …… 66

第六章　打造黄河流域科技创新策源地 …… 75

第一节　山东半岛城市群科创基础分析 …… 75
第二节　国内建设科创策源地的经验借鉴 …… 78
第三节　打造黄河流域科创策源地的路径 …… 85

第七章　打造黄河流域高质量发展增长极 …… 93

第一节　新旧动能转换以来山东产业转型升级的成效 …… 93
第二节　建立优良产业生态 …… 94
第三节　完善提升产业链供应链价值链 …… 98
第四节　畅通金融支持实体经济渠道 …… 103

第八章　打造国内国际双循环战略枢纽 …… 109

第一节　突出释放内需潜力 …… 109
第二节　加强流通体系建设 …… 121
第三节　加快推动制度型开放 …… 127
第四节　加快打造世界一流港口 …… 131

第九章　打造黄河流域文化"双创"示范区 …… 137

第一节　山东省黄河流域文化发展概况 …… 137
第二节　推动山东黄河流域文化"双创"的短板 …… 138
第三节　建设黄河流域文化"双创"示范区的
　　　　对策建议 …… 140

第十章　创新"有效市场＋有为政府"体制机制 …………… **144**

　　第一节　创新多元化生态保护机制 …………… **144**
　　第二节　完善高质量发展市场化机制 …………… **145**
　　第三节　创新山东半岛城市群制度体系 …………… **147**

参考文献 …………… **152**

第一章 导论

本章作为全书的导论开篇，试图通过阐述两个方面的内容来"破题"，一是城市群的问题，即城市群到底应该如何界定，现阶段推进城市群建设有何战略意义，我国城市群的总体布局如何；二是国家战略问题，黄河流域生态保护和高质量发展战略的最新进展怎样，沿黄各地区落实这项战略有何实践探索。这些问题都将在导论中回答。

第一节 都市区、都市圈与城市群的概念界定

学术界对于"都市区、都市圈、城市群"三者的概念可谓仁者见仁、智者见智，大概是由于个人研究领域迥异，即便是对于同一区域，有的学者用"都市区"来表述，有的学者则用"城市群"来表述，还有的学者称为"都市圈"。例如日本太平洋沿岸城市密集区、中国"成渝双城"等，就存在"城市群""都市圈"在描述上的混用。因此，对这些近似概念进行统一的界定与认识，既有助于区域经济学的理论研究，更有助于政府机构实践工作的科学开展。

一 都市区、都市圈与城市群的内涵与概念辨析

都市区的概念最早于1910年起源于美国，当时是基于人口普查统计的需要而提出，是指人口数量在10万人以上的核心城市及其周边10英里区域。后来都市区的名称随着时间推移有所变化，从标准

都市区（1950年）到主要都市统计区（1980年）再到都市区（1990年）。我国对都市区的概念认识也是与时俱进的，从20世纪80年代的"城市经济统计区"，到2000年所设定的人口规模超过20万人的核心城市，再到2011年提出的人口规模50万人以上、周边城镇化率60%以上的核心城市。因此，综合国内外关于"都市区"的概念界定，立足国内发展实际，本书认为都市区概念主要描述的是一个拥有较大人口规模的核心城市及与其有着密切经济社会联系的周边地区共同组合成的区域，这种密切的经济社会联系从狭义可以认为是上下班通勤联系。

  都市圈的概念最早于1951年起源于日本，其概念演变主要基于日本都市人口规模和城市通勤距离，从最早的10万人以上城市规模扩增到1960年提出的100万人口规模的"大都市圈"，再到1995年提出的辐射距离300千米、人口规模3000万以上的"超大都市圈"。我国关于都市圈的研究较晚，且对都市圈概念的理解主要基于通勤空间尺度而非人口规模，主流观点将其定义为：城市群内部以超大特大城市或辐射带动功能强的大城市为中心、以1小时通勤圈为基本范围的城镇化空间形态。本书结合现实国情，将都市圈概念进行补充，认为都市圈核心城市与周边地域的关联不应局限在通勤空间，还应扩展至产业链关联与市场关联，从内涵上更加注重核心城市与周边城市的产业协作、功能错配。

  城市群的研究最早始于法国（1957年），研究对象是美国东北海岸城市带，其内涵有三个特征：一是整个国家的核心区域，二是核心大都市与周边区域形成了一体化，三是人口规模在2500万以上。国内学者对城市群概念界定虽有不同，但基本内涵都包括以下几个要素：一是城市群内部至少有1个大都市，二是城市群内部至少还有2个辐射带动作用强的城市，三是在空间范围上城市群内部至少还有1个都市圈。本书综合国内学者研究成果，认为城市群的概念可以理解为：以特大城市或者至少两个辐射带动作用强的大城市作为内核，依托现代化基础设施网络、成熟产业链分工体系，共同构成的一体化水平相对较高的城市集群区域。

二 都市区、都市圈与城市群的区别与联系

都市区、都市圈与城市群的区别在不同国家表现形式不同，以我国国情为参考，三者的区别主要表现为四个方面：一是人口规模，二是空间范围，三是空间尺度，四是城镇化水平。

在人口规模方面，都市区中大都市的人口规模一般在300万人以上，加之周边地区若干小城市，整个都市区人口规模至少应在400万人以上。上海作为全国最大城市，2019年常住人口为2428.14万人，加之周边地区若干中等规模城市，整个都市区人口规模应在3000万左右。因此，可将都市区人口规模界定于400万—3000万人。都市圈的人口规模一般要超过5000万人，以上海大都市圈为例，上海与周边8市2019年常住人口约7125万人。城市群人口规模则更大，一般都在1亿人以上，以我国最大的城市群长三角城市群为例，2019年常住人口就达1.54亿人。

在空间范围方面，参照目前国内通勤方式，都市区内部核心城市与周边城市通勤距离可延展至50千米左右；都市圈的空间辐射范围更大，可延展至100千米左右；而城市群的范围要远超过都市区、都市圈，在我国城市群成熟度还不够高的情况下，其空间范围也要在500千米左右。

在空间尺度方面，都市区一般只有一个核心城市，外围一般只有一个圈层，空间尺度较小；都市圈的核心城市数量可能在两个以上，即形成多核心圈层结构，空间尺度较大；城市群的核心城市一般为特大城市+超大城市，并附有若干次核心城市，形成多核心多圈层结构，空间尺度最大。

在城镇化水平方面，都市区城镇化水平很高，仅有小范围乡村地区，其城镇化率在70%—90%；都市圈的城镇化水平比都市区要低一些，都市圈内除大中小城市外还包括大量农村地区；城市群的城镇化水平与都市圈近似，在60%左右。表1-1更加直观地展示了都市区、都市圈与城市群的区别。

表 1-1　　　　　都市区、都市圈与城市群的区别

类别	人口规模	空间范围	空间尺度	城镇化水平
都市区	400万—3000万人	50千米	单核单圈	较高
都市圈	5000万人以上	100千米	多核单圈	中等
城市群	1亿人左右	500千米	多核多圈	中等

当然，三者之间也有紧密的联系，从本质上讲，三者都处于城市化战略之中，主要体现为两个方面：第一，都市区、都市圈与城市群均属于一个国家或一个地区的优势区域，均集聚了金融资源、教育资源、医疗资源、人力资源等，其内核均是超大城市、特大城市。第二，城市群、都市圈、都市区存在层级递进、空间耦合的关联，都市区是都市圈的基本组成单元和核心地带，都市圈又是城市群的基本组成单元和核心圈层。当一个区域出现核心都市圈与周边若干都市圈相互融合互动，最终促成了空间耦合，便演化为城市群。简言之，城市群至少包含1个都市圈，都市圈又至少包含1个都市区，并且在产业链、供应链方面实现了功能耦合，以功能耦合为基础促进"区、圈、群"的空间耦合。

总体而言，无论是都市区、都市圈还是城市群，都是国家或地区经济社会发展到一定阶段才会出现的经济地理现象，但三者又从属于区域城市化的不同发展阶段，都市区、都市圈、城市群所包含的城市空间也依次延展，其发展前提都需要较为成熟的交通、通信等基础设施网络来支撑，关键条件是都具有核心大都市。不过，从内部经济联系的复杂程度来看，都市区的内部联系相对简单，多是城市间上下班通勤联系，而都市圈和城市群内部则是较为复杂的产业联系，更进一步，都市圈内部的产业关联要比城市群更为紧密。

第二节 高质量发展背景下城市群建设的战略意义

习近平总书记在 2019 年 8 月 26 日中央财经委第五次会议上指出，我国经济发展的空间结构正在发生深刻变化，中心城市和城市群正在成为承载发展要素的主要空间形式[①]。要加快构建高质量发展的动力系统，增强中心城市和城市群等经济发展优势区域的经济和人口承载能力。可见，城市群建设已成为区域经济重要增长极和高质量发展的动力支撑。

一　城市群已成为国家经济社会发展的重要支撑

目前我国已积极布局 19 个城市群，其中包括 5 个国家级城市群、8 个区域级城市群、6 个地区级城市群，据目前可查数据，这 19 个城市群占全国近 30% 的国土面积，承载了全国 75% 的人口，贡献的财政收入占全国的 90% 以上，集中的外资占全国的 90% 以上，创造的国内生产总值占全国的 80% 以上，因此城市群俨然已成为国家经济社会发展的重要支撑。放眼全球，虽然我国城市群建设起步较晚，但经济拉动效果十分明显，这些城市群所呈现的资源高度集聚、经济高速增长的优势特点，逐步形成了巨大的虹吸效应和发展势能。同时，各大城市群也基本构成了国家经济社会发展的战略支点，是整个国家优势区域的核心地带。

二　城市群已成为国家新发展格局下的重点区域

构建以国内大循环为主体、国内国际双循环相互促进的新发展格局，首先应坚定实施扩大内需战略，而挖掘我国内需增长潜力的关键就是要充分激发城市群内部的市场活力、消费潜力与内在动

[①] 《习近平主持召开中央财经委员会第五次会议》，《人民日报》2019 年 8 月 27 日第 1 版。

力。一方面，城市群构成了国家重大区域发展战略内部高质量发展的动力引擎。京津冀城市群、长三角城市群、珠三角城市群、长江中游城市群分别是京津冀协同发展战略、长三角一体化战略、粤港澳大湾区战略、长江经济带战略的重点区域，中原城市群、兰西城市群、哈长城市群也分别是中部地区、西北地区、东北地区经济高质量发展的增长极。另一方面，国内大循环需要城市群之间融合互动、均衡发展，当前，推进城市群建设既能够补齐城乡之间、区域之间基础设施、民生服务等劣势短板，解决城乡区域发展不均衡、不协调问题，还可以释放核心城市、城市郊区内需潜能，通过消费升级、产业转型夯实内需新动能。

三　城市群已成为高水平对外开放的关键门户

观察我国城市群的地理布局，有95%的城市群位于"一带一路"沿线，战略叠加优势明显。其中一些重要城市群如长三角城市群、珠三角城市群、山东半岛城市群等，被视为我国对内对外开放两个扇面的核心枢纽；还有一些重要城市群如成渝城市群、关中平原城市群等承担带动中西部发展、对接"一带一路"的使命。同时，近年来我国重点打造的自由贸易试验区都布局于各大城市群之中，通过自贸区一系列制度创新集成，助推各大城市群成为内外市场联通、要素资源共享的国际交流平台。因此，国内这些重要城市群正在成为我国深度参与国际经济合作的主战场、我国打造对外开放新高地的关键门户。

第三节　城市群发展的顶层设计与政策安排

党的十八大以来，习近平总书记对城市发展、城市群建设、城镇化工作十分关注，在党代会、中央城镇化工作会议、中央城市工作会议、长江经济带发展座谈会、黄河流域生态保护和高质量发展座谈会以及数次中央财经委会议上都针对这些问题发表了重要指示。可以说,党的十八大以来,我国城市群建设在空间布局、战略地位方面均发生了积极变化,随着科学的顶层设计、系统的谋篇布局,我国城市群发展进入了新的历史阶段。目前,中央和地方先后批复了19个城市群发展规划,在全国范围内初步形成了"5+8+6"的城市群布局,即五大国家级城市群——京津冀城市群、长江三角洲城市群、珠江三角洲城市群、长江中游城市群、成渝城市群;八大区域级城市群——山东半岛城市群、关中平原城市群、哈长城市群、北部湾城市群、中原城市群、辽中南城市群、天山北坡城市群、海峡西岸城市群;六大地区级城市群——呼包鄂榆城市群、兰西城市群、宁夏沿黄城市群、滇中城市群、晋中城市群、黔中城市群。为了清晰展示我国城市群建设在顶层设计方面的发展脉络,本书以列表形式进行介绍(见表1-2)。

表1-2 我国城市群顶层设计的发展演进(2012—2020年)

序号	顶层设计与政策安排	时间	相关内容表述
1	党的十八大报告	2012年9月	科学规划城市群规模和布局,增强中小城市和小城镇产业发展、公共服务、吸纳就业、人口集聚功能
2	中央城镇化工作会议	2013年12月	根据资源环境承载能力构建科学合理的城镇化宏观布局,要把城市群作为主体形态,促进大中小城市和小城镇合理分工、功能互补、协同发展
3	中共中央、国务院《国家新型城镇化规划(2014—2020年)》	2014年3月	以人的城镇化为核心,有序推进农业转移人口市民化;以城市群为主体形态,推动大中小城市和小城镇协调发展;以综合承载能力为支撑,提升城市可持续发展水平

续表

序号	顶层设计与政策安排	时间	相关内容表述
4	中央城市工作会议	2015年12月	要以城市群为主体形态，科学规划城市空间布局，实现紧凑集约、高效绿色发展。要优化提升东部城市群，在中西部地区培育发展一批城市群
5	《中华人民共和国国民经济和社会发展第十三个五年规划纲要》	2016年3月	坚持以人的城镇化为核心、以城市群为主体形态、以城市综合承载能力为支撑、以体制机制创新为保障，加快新型城镇化步伐。加快城市群建设发展，优化提升东部地区城市群，培育中西部地区城市群
6	党的十九大报告	2017年10月	实施区域协调发展战略，以城市群为主体构建大中小城市和小城镇协调发展的城镇格局，加快农业转移人口市民化
7	亚太经合组织工商领导人峰会	2017年11月	大力推进京津冀协同发展、长江经济带发展，建设雄安新区、粤港澳大湾区，建设世界级城市群，打造新的经济增长极
8	中共中央、国务院《关于建立更加有效的区域协调发展新机制的意见》	2018年11月	建立以中心城市引领城市群发展、城市群带动区域发展新模式，推动区域板块之间融合互动发展。以北京、天津为中心引领京津冀城市群发展，带动环渤海地区协同发展。以上海为中心引领长三角城市群发展，带动长江经济带发展。以香港、澳门、广州、深圳为中心引领粤港澳大湾区建设，带动珠江—西江经济带创新绿色发展。以重庆、成都、武汉、郑州、西安等为中心，引领成渝、长江中游、中原、关中平原等城市群发展，带动相关板块融合发展

续表

序号	顶层设计与政策安排	时间	相关内容表述
9	中央财经委第五次会议	2019年8月	当前我国区域发展形势是好的，同时经济发展的空间结构正在发生深刻变化，中心城市和城市群正在成为承载发展要素的主要空间形式。加快构建高质量发展的动力系统，增强中心城市和城市群等经济发展优势区域的经济和人口承载能力。要形成几个能够带动全国高质量发展的新动力源，特别是京津冀、长三角、珠三角三大地区，以及一些重要城市群。产业和人口向优势区域集中，形成以城市群为主要形态的增长动力源，进而带动经济总体效率提升，这是经济规律
10	党的十九届四中全会	2019年10月	优化行政区划设置，提高中心城市和城市群综合承载和资源优化配置能力，实现扁平化管理，形成高效率组织体系
11	国家发改委《2020年新型城镇化建设和城乡融合发展重点任务》	2020年4月	加快发展重点城市群。加快实施京津冀协同发展、长三角区域一体化发展、粤港澳大湾区建设、长江经济带发展、黄河流域生态保护和高质量发展战略。全面实施城市群发展规划，推动哈长、长江中游、中原、北部湾城市群建设取得阶段性进展，支持关中平原城市群规划实施联席会议制度落地生效，推动兰州—西宁、呼包鄂榆等城市群健全一体化发展工作机制，促进天山北坡、滇中等边疆城市群及山东半岛、黔中等省内城市群发展
12	《中共中央关于制定国民经济和社会发展第十四个五年规划和2035年远景目标的建议》（党的十九届五中全会通过）	2020年10月	加快城市群和都市圈轨道交通网络化。优化行政区划设置，发挥中心城市和城市群带动作用，建设现代化都市圈。推进成渝地区双城经济圈建设

第四节 黄河国家战略的整体推进与突破进展

黄河流域生态保护和高质量发展是一项庞大的系统性工程,上升为国家战略以来,中央加强顶层设计,地方积极推进探索,为充分融入这一国家重大战略,沿黄各地区在生态、经济、文化等领域都谋划了一系列重要举措。

一 黄河国家战略的整体推进情况

党的十八大以来,以习近平同志为核心的党中央着眼于生态文明建设全局,确定了"节水优先、空间均衡、系统治理、两手发力"的治水思路。习近平总书记先后赴陕西、山西、内蒙古、宁夏、甘肃、河南考察黄河流域生态保护和经济社会发展情况,多次就三江源、祁连山、秦岭等重点生态保护区建设提出要求。2019年9月18日,习近平总书记在郑州主持召开黄河流域生态保护和高质量发展座谈会,并发表重要讲话,号召"让黄河成为造福人民的幸福河",黄河流域生态保护和高质量发展上升为重大国家战略。2020年1月3日,习近平总书记主持召开中央财经委员会第六次会议,重点研究黄河流域生态保护和高质量发展问题。2020年8月27日和8月31日,习近平总书记先后主持召开中央政治局常委会会议和中央政治局会议,审议《黄河流域生态保护和高质量发展规划纲要》。2020年10月,中共中央正式印发《黄河流域生态保护和高质量发展规划纲要》。《黄河流域生态保护和高质量发展规划纲要》是指导当前和今后一个时期黄河流域生态保护和高质量发展的纲领性文件,总共有15个部分,总体上可以分为三大板块:总论部分主要阐述黄河流域发展背景、整个规划的总体要求;分论部分主要阐述重点任务,包括黄河上中下游生态保护、水资源节约集约利用、黄河长治久安、环境污染系统治理、现代产业、城乡发展、基础设施、黄河文化、民生领域、开放创新等；结尾部分主要阐述规划实施的保障措施。

二 沿黄部分省区推进黄河国家战略的积极探索

宁夏按照习近平总书记提出的建设黄河流域生态保护和高质量发展先行区的目标定位，建设河段堤防安全标准区、生态保护修复示范区、环境污染防治率先区、经济转型发展创新区、黄河文化传承彰显区，构建黄河生态经济带和北部绿色发展区、中部防沙治沙区、南部水源涵养区的"一带三区"生态生产生活总体布局，落实黄河安澜、保护修复生态、治理环境污染等重点任务。

陕西省林业局、陕西省发改委等七部门共同印发了《关于实施沿黄防护林提质增效和高质量发展工程的意见》，加快提升沿黄防护林质量，着力构筑沿黄森林生态廊道。包括六大建设任务：沿线裸露坡面植被恢复工程、沿线堤岸防护林恢复提升工程、沿线退化防护林修复工程、沿线村镇森林乡村防护林建设工程、沿线低效经济防护林提升改造工程、沿线道路防护林绿化美化工程。

河南围绕生态保护、高质量发展、文化传承等重点领域，先期启动具有引领性、示范性的八大标志性项目，带动黄河流域生态保护和高质量发展。具体包括沿黄生态廊道试点示范、规划建设沿黄湿地公园群、推进重要支流水环境综合治理、加强黄河防洪安全防范治理、开展深度节水控水行动、构建黄河历史文化主地标体系、推进黄河文化与大运河文化融合发展、实施黄河文化遗产系统保护八大标志性项目。此外，河南省积极推进郑州国家中心城市和郑州大都市区建设，打造郑州大都市区黄河流域生态保护和高质量发展核心示范区，率先启动郑州核心片区建设，制定出台郑焦、郑新、许港等产业带发展规划，加快形成更高水平的高质量发展区域增长极。

三 山东省服务黄河国家战略的主要举措

山东省充分发挥比较优势和山东半岛城市群龙头作用，紧紧围绕生态保护和高质量发展两大文章，深入开展沿黄25个县区普查调研，重点在环境治理领域、农业发展领域、文化旅游领域、生态建设领域、水资源配置利用领域、防洪减灾领域、工业结构布局7个方面进行调研，在此基础上完成了《山东省黄河流域生态保护和高质量发展实施规划》，努力在服务国家战略大局中走在前列。

（一）积极建设"黄河流域生态保护先行区"

对于黄河下游生态空间，山东省坚持以自然恢复为主，实施一批重大生态保护修复工程。例如，针对黄河三角洲生态保护，开展自然保护区修复提升工程、河流生态系统健康工程、黄河三角洲生物多样性保护工程、黄河三角洲综合治理和防护工程、智慧黄河三角洲建设工程。例如，针对泰山区域生态保护，开展泰山生态区保护修复工程、大汶河—东平湖生态区保护修复工程、小清河生态区保护修复工程。针对南四湖和大运河生态保护，开展南四湖生态保护修复工程、大运河生态保护修复工程。

（二）积极建设"黄河长久安澜示范带"

山东省着力保障黄河下游地区防洪安全，系统提升防洪减灾能力，不断完善灾害预防与应急救援体系，推动一批重点工程落实落地，包括黄河下游引黄涵闸改建工程、黄河下游"十四五"防洪工程、东平湖蓄滞洪区防洪安居工程、沿黄25县中小河流治理工程、水库水闸除险加固工程等。此外，在推进黄河水资源保护和高效利用方面，开展了引黄平原水库建设工程、南水北调东线二期山东半岛配套工程、引黄济青工程等。

（三）积极争当"沿黄高质量发展排头兵"

山东省重点在构建高效生态产业体系、增强科教创新发展能力、打造乡村振兴"齐鲁样板"方面积极发力。例如，山东以加快新旧动能转换为抓手，在产业创新发展方面，开展裕龙岛炼化一体化项目、山东重工绿色制造产业城、滨州世界高端铝业基地等项目。在科技创新方面，加快建设中科院济南科创城、黄河三角洲（东营）科创平台等高能级创新平台。在绿色生态农业发展方面，强化特色农产品优势区建设，打造黄河流域（山东）现代农业科学城。

（四）加快山东半岛城市群高质量发展

山东省提出了构建"一群两心三圈"的区域发展格局，即塑强山东半岛城市群龙头，支持济南建设新旧动能转换起步区、黄河流域中心城市、国家中心城市，支持青岛建设全球海洋中心城市、世界工业互联网之都，并出台了省会经济圈（济南、淄博、泰安、聊城、德州、滨州、东营）、胶东经济圈（青岛、烟台、威海、潍坊、日照）、鲁南经济圈（临沂、枣庄、济宁、菏泽）发展指导意见。同时，加快实施基础设施重大工程，包括沿黄达海高铁大通道、沿黄干线公路提升、机场集群提升、港口提升等。

（五）积极建设"黄河流域对外开放新高地"

山东省深度参与共建"一带一路"，高标准建设山东自贸区、上合组织地方经贸合作示范区、中日韩地方经贸合作示范区，并提出构筑黄河流域互联互通国际大通道，例如，济南国际内陆港、瓦日铁路出海大通道工程、临沂国际内陆港、黄河流域自贸区发展联盟等。此外，还搭建了一批中外合作平台载体，如济青烟国际产业招商园区、中俄互贸（淄博）平台项目、中韩自贸区地方经济合作示范区实体园区（威海）等。

（六）积极保护传承弘扬黄河文化

山东省深入挖掘阐发黄河文化，推进黄河非物质文化遗产保护传承工程、文物保护展示利用工程，建设开放共享的黄河文化资源公共数据平台。此外，山东省积极打造"黄河文化旅游长廊"，大力发展文化旅游和生态旅游，推动黄河国家文化公园建设，整合各类资源建设"黄河入海"品牌标志体系。在世界文明交流互鉴层面，全力打造尼山世界文明论坛、尼山世界儒学中心等世界级文化交流平台，建设黄河文化国际体验示范区。

第二章 黄河流域城市群发展的整体概况

本章对黄河流域七大城市群的总体情况、发展成效、问题短板进行了详细分析,通过这些分析试图回答以下问题:黄河流域城市群在全国发展大局中的定位是什么,黄河流域城市群的空间组织格局是什么,黄河流域城市群各自有什么特点,黄河流域城市群是否存在一些共性的发展短板。通过"黄河"审视"黄河",站在"全国"再审视"黄河",相信会对黄河流域七大城市群未来发展有所帮助。

第一节 黄河流域城市群发展的战略背景

一 从全国城市群战略大局看黄河流域城市群

全国城市群的整体布局可以分为5个国家级城市群、8个区域级城市群和6个地区级城市群,总体形成了遍布四大板块的"5+8+6"的空间组织框架,在这19个城市群中黄河流域占据7个城市群,即3个区域级城市群(关中平原城市群、中原城市群、山东半岛城市群)和4个地区级城市群(兰西城市群、宁夏沿黄城市群、呼保鄂榆城市群、晋中城市群)。根据可查资料测算,黄河流域七大城市群的地理面积大约86万平方千米,接近全国城市群面积的30%;黄河流域七大城市群人口数量2.5亿(2016年年底统计口径),超过全国城市群总人口的20%,其中城镇人口数量1.2亿,接近全国城市群城镇人口的22%;从经济总量上看,黄河流域七大城市群 GDP 超过 15 万亿元（2019 年年底统计口径），也超过全国城市群经济总量的 20%，与长三角城市群 GDP 接近；黄河流域七大城市群人均 GDP 为 5.78 万元，略高于全国城市群平均水平（5.38 万元），但远低于长三角城市群人均 GDP（8.99 万元）；从财政收入上看，黄河流域七大城市群财政总收入约为 1.4 万亿元（2018 年年底统计口径），占全国城市群财政收入的 16.5%；从产业结构上看，黄河流域七大城市群第一产业、第二产业和第三产业的增加值分别占全国城市群的 24.15%、23.67%、20.01%（2018 年年底统计口径）。综上所述，黄河流域七大城市群几项常规性经济社会发展指标占全国城市群的比重都不是很高，基本在 25% 以下，站在全局角度分析，黄河流域城市群可以被认为是发展较缓、资源倚重的城市群。

二 从整个黄河全流域看黄河流域城市群

目前黄河流域的人口产业布局主要分布在黄河下游流域、汾渭平原、河套地区、河西走廊和河湟谷地五个区域。黄河流域的七大城市群就分布于这五大区域，其中山东半岛城市群和中原城市群是以传统制造业为主，目前正在推进新旧动能转换，其他五个城市群在能源、矿产资源生产方面较为突出，目前正在进行资源型地区转型。总体而言，这七大城市群既是整个流域的人口高密度集聚区、经济发展主战场，也是生态治理重点区。从人口角度来看，2016 年七大城市群的总人口超过了 2.5 亿，占全流域总人口的 6 成以上，七大城市群的人口密度每平方千米接近 300 人，远远超过全流域人口密度的平均水平（每平方千米 176 人）。从经济总量上看，2016 年七大城市群的经济总量超过了沿黄九省经济总量的 70%，另外，七大城市群的第二产业、第三产业增加值、财政收入也超过了沿黄九省的 70%。从生态治理情况来看，七大城市群过去发展方式相对粗放，排放了整个黄河流域七成以上的污染物，按照 2016 年的数据统计，七大城市群的工业废水、工业废气排放量也都占沿黄九省的 70% 以上。

第二节 黄河流域城市群发展的现状特点

从空间组织格局上来看，黄河流域七大城市群覆盖3个区域级城市群、4个地区性城市群、4条国家城镇化主轴线、9大都市圈、72个城市（见表2-1），经过多年发展大致形成了三个方面的特点。

表2-1　　　　黄河流域城市群空间组织格局

城市群	省份	都市圈	城市分布	城镇化主轴线
兰西城市群（不含四川省）	青海省	西宁都市圈	西宁市、海西州、海南州、海北州、黄南州、海东市、玉树州、果洛州	陆桥沿线城镇化主轴线
	四川省	—	阿坝藏族羌族自治州	—
	甘肃省	兰州都市圈	兰州市、武威市、天水市、白银市、庆阳市、平凉市、定西市、陇南市、临夏州、甘南州	陆桥沿线城镇化主轴线
宁夏沿黄城市群	宁夏	银川都市圈	银川市、吴忠市、固原市、中卫市、石嘴山市	包昆城镇化主轴线
呼包鄂榆城市群、关中平原城市群	内蒙古	呼和浩特都市圈	呼和浩特市、乌海市、鄂尔多斯市、包头市、巴彦淖尔市、乌兰察布市、阿拉善盟	包昆城镇化主轴线
	陕西省	西咸都市圈	西安市、宝鸡市、咸阳市、铜川市、延安市、渭南市、榆林市、商洛市	陆桥沿线城镇化主轴线、包昆城镇化主轴线
晋中城市群	山西省	太原都市圈	太原市、阳泉市、运城市、朔州市、长治市、晋城市、大同市、临汾市、忻州市、吕梁市、晋中市	京哈京广城镇化主轴线、京哈京广城镇化主轴线

续表

城市群	省份	都市圈	城市分布	城镇化主轴线
中原城市群	河南省	郑州都市圈	郑州市、洛阳市、三门峡市、开封市、鹤壁市、新乡市、焦作市、商丘市、安阳市、濮阳市、济源市	陆桥沿线城镇化主轴线、京哈京广城镇化主轴线
山东半岛城市群	山东省	济南都市圈 青岛都市圈	济南市、青岛市、淄博市、烟台市、威海市、临沂市、菏泽市、滨州市、日照市、聊城市、德州市、济宁市、潍坊市、泰安市、东营市、枣庄市	陆桥沿线城镇化主轴线、沿海城镇化主轴线

一 黄河流域上中下游各大城市群空间差异明显，自西向东城市群发展程度逐步向好

黄河全长5464千米，整个流域横跨四大地貌单元和三大地势台阶，因自然条件差异，上中下游城市群的发展基础差别很大，例如2016年上游的兰西城市群人均GDP只有3.5万元，上游的晋中城市群中游人均GDP只有3.9万元，而下游的山东半岛城市群人均GDP超过了8万元。同样，上中下游城市群的财政收入差距悬殊，例如上游的宁夏沿黄城市群2016年财政收入只有330.86亿元，而下游的山东半岛城市群财政收入达到了5664.89亿元。

二 黄河流域城市群的经济结构"旧动能"比重偏高，而"新动能"略显不足

从黄河流域城市群总体的经济结构来看，2016年第一产业增加值比重平均为7.24%，其中关中平原城市群达到9.83%；第二产业增加值比重平均为46.82%，其中宁夏沿黄城市群为53.17%。第一产业和第二产业的这两项指标都高于全国城市群平均值，而第三产业增加值比重平均为45.94%，比全国城市群要低，总体反映出第二产业在黄河流域城市群中比重偏高，尤其是资源型产业、传统制造业这些"旧动能"的惯性依赖程度大，而高端制造业、现代服务业等"新动能"发展缓慢,所以推动产业转型升级、新旧动能转换成为整个黄河流域城市群高质量发展的艰巨任务。

三 黄河流域城市群城镇密度和人口密度均稳中有升,但与全国城市群平均水平仍有差距

在城镇化聚集程度方面,从 20 世纪 80 年代以来黄河流域城市群的城镇密度增速是高于全国城市群平均水平的,但体量偏小,低于全国主要城市群,尤其是呼保鄂榆城市群,其城镇密度仅为长三角城市群的 1/10。在人口集聚程度方面,同样面临与城镇化集聚效应类似的情形,2016 年黄河流域城市群人口密度每平方千米不足300 人,低于全国城市群均值,以宁夏沿黄城市群人口密度为例,仅为珠三角城市群人口密度的 1/10 左右。具体指标如表 2 - 2 和图 2 - 1 所示。

表 2 - 2 黄河流域城市群城镇密度与人口密度情况对比

城市群	城镇密度(个/万平方千米)		人口密度(人/平方千米)	
	1980 年	2016 年	1980 年	2016 年
兰西城市群	2.88	23.86	69.60	121.67
宁夏沿黄城市群	8.15	15.58	51.16	106.33
呼包鄂榆城市群	4.34	13.26	37.48	64.95
晋中城市群	10.40	29.87	127.86	235.79
关中平原城市群	15.50	95.97	192.97	269.57
中原城市群	19.59	78.30	480.93	704.35
山东半岛城市群	48.28	69.23	348.49	525.70
黄河流域城市群(平均)	12.22	33.71	191.82	293.04
长三角城市群	82.95	118.95	430.44	657.58
珠三角城市群	67.96	97.45	716.84	1095.11
京津冀城市群	49.21	70.56	245.26	522.82
全国城市群(平均)	41.12	58.97	177.79	378.98

资料来源:根据中国科学院地理科学与资源研究所研究成果整理。

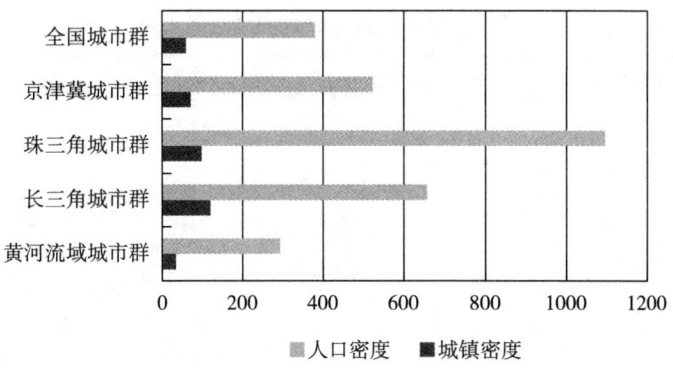

图2-1 黄河流域城市群人口密度、城镇密度与部分城市群对比情况

第三节 黄河流域城市群发展的短板弱项

黄河流域城市群高质量发展关乎整个黄河流域和我国北方地区的高质量发展,从现阶段的发展状况来看,城市群建设存在一些共性的短板弱项,主要有四个方面。

一 黄河流域城市群对"发展"与"绿色发展"的理解仍有待提高,彻底摒弃传统惯性经济发展方式任重道远

本书梳理了众多关于黄河流域城市群经济高质量发展的评价方法,已有研究成果从不同层面对黄河流域城市群发展属性进行了分析(见表2-3)。虽然采取的定量分析方法不同,选用的核心指标不同,但是黄河流域城市群发展质量问题、传统经济增长方式问题、传统动能路径依赖问题尚未从根本上解决,从"发展"到"绿色发展"的转型之路任重道远。

二 黄河流域部分城市群规模与等级结构的"极化现象"明显,中心城市溢出效应和辐射能力受限

虽然流域内各大城市群综合发展水平近年来快速跃升,陆续带动了一批中等规模和等级的城市,但城市集聚效应与空间规模限制

表 2-3　　黄河流域城市群经济绿色发展描述汇总

绿色发展描述内容	表征维度	定量分析方法	基本判断
绿色生态效率	资源消费 资本输入 人力输入 经济产出 污染排放	DEA 模型 （数据包络分析）	黄河流域城市群内部空间发展不均衡、绿色生态效率呈下降态势
城市综合承载能力	要素市场 交通发展 生态环境 产业结构	改进的熵值法 Moran's I （莫兰指数）	黄河流域城市群综合承载力呈波动式下降
绿色环境效率	全要素生产率 绿色技术创新 绿色技术效率	SBM-DEA 模型 （超效率 DEA 模型） Manqusit 指数 （曼奎斯特指数）	黄河流域城市群绿色环境效率有待提升，绿色技术是制约瓶颈
绿色经济效率	资源输入 非资源输入 经济产出 污染排放	DEA 模型 （数据包络分析）	黄河流域上游城市群绿色经济效率要高于中下游城市群
全要素生产力	全要素生态绩效 全要素生态生产力	生态足迹法 Shephard 距离函数	黄河流域城市群全要素生产力增长速度快，整体呈现先降后增趋势
新型城镇化建设	城乡一体化 经济城镇化 空间城镇化 人口城镇化 社会城镇化	熵权法	黄河流域城市群的新型城镇化水平显著提高，但流域上中下游地区差异明显
工业绿色化水平	绿色工业总量 绿色工厂数量 工业绿色化效率 能源消耗水平	熵权法	黄河流域城市群工业绿色化水平总体下降，下游水平要优于上中游

续表

绿色发展描述内容	表征维度	定量分析方法	基本判断
工业环境规制效率	工业环境规制成本 工业环境规制效益	SBM-DEA 模型（超效率 DEA 模型）	黄河流域城市群工业环境规制效率呈现先降后增趋势，下游效率最高
碳排放、产业结构与技术创新耦合度	二氧化碳排放 产业结构 技术创新	耦合模型 Moran's I （莫兰指数）	黄河流域城市群三项指标耦合度自西向东依次升高

使城市群内部"马太效应"不断放大，周边城市出现均衡性衰退迹象。例如，关中平原城市群的西安、兰西城市群的兰州和西宁，这些中心城市的溢出带动效果并不明显，城市间关联程度也不够紧密，过度集化作用使周边城市被逐步边缘化，不利于城市群内部资源要素合理流动。据可查数据分析，全国城市群中"省会独大"的现象多数都出现在黄河流域上中游地区，按照2019年GDP测算，省会城市首位度（省会城市GDP/全省GDP）前10位的城市中，黄河流域城市群中有4个，分别是宁夏沿黄城市群的银川（占50.6%）、兰西城市群的西宁（占44.9%）、关中平原城市群的西安（占36.1%）、兰西城市群的兰州（占32.5%）。另外，黄河中下游的河南省省会郑州2019年GDP位居全省第一，而排名第二的洛阳GDP仅为郑州的一半，差距很大。这些问题背后反映出部分城市群内部的中小城市没有找到真正属于自己的比较优势，错位发展、竞合发展的理念还不够鲜明，说明大城市"一味求大"并不合适，违背了城市群追求"一体化"发展的终极目标。

三 黄河流域尤其是上游地区县域经济的发展短板较为突出，填补城市群外部圈层塌陷的动能有待提升

县域经济是以县城为发展基点、乡镇为链接纽带、乡村为发展腹地的国民经济最基本单元，也是实施乡村振兴战略的主要战场。

参照中国社会科学院财经战略研究院发布的 2020 年《中国县域经济发展报告》，在县域经济 100 强中，黄河流域的经济强县主要还是集中在山东、河南两省，而黄河上游的县城竟无一入选。县域经济的发展水平决定了黄河上游地区整体的经济发展水平，但受资金、人才、技术、市场、地缘等诸多关键因素限制，黄河上游地区的县域经济发展规模较小，可持续发展能力在短期内也很难有本质改变。"农业独大、工业弱小、三产欠缺"的困境一直未能从根源上突破，农产品主产区和重点生态功能区的县域经济动力不足，这些问题形成了黄河上游城市群协同联动、有机互促的瓶颈与短板。

四 黄河流域城市群绿色发展的战略需求与绿色实践不相称，没有真正打通"绿山青山"到"金山银山"的转换通道

特别是上中游的几个城市群，生态基底强，但生态资本产出却不强。究其原因主要有以下两个方面：一是两者之间的转换机制存在制度性障碍，部分地区关于生态考核评价、生态环境管理、主体功能区建设等制度不够完善，将"生态资源"转换为"生态资本"的市场化运转机制尚未建立，比如排污权交易、水权交易等。二是对于生态资本与社会资本、环境保护与财富增长之间的关系认识不够深刻，以"绿山青山就是金山银山"起源地浙江安吉为例，从关停矿山后的收入骤减，到生态修复后的美丽蜕变，充分说明生态效应不仅仅可以带来经济效应，还可以成倍放大经济效应。像这种案例完全可以在黄河流域探索推广，并且这种绿色发展理念在一些生态环境脆弱地区推广事不宜迟。

第三章　黄河国家战略下山东半岛城市群发展概况

从概念范围上来看，与其他城市群不同，山东半岛城市群实际上涵盖整个山东省16个地市，所以说山东半岛城市群的发展取决于山东省的发展大局。对标黄河流域的发展"龙头"，山东半岛城市群如何给自己一个科学定位？发展"龙头"应体现哪些方面？山东半岛城市群发展的优势和短板又是什么？这些都是本章要回答的问题。

第一节　山东半岛城市群的"龙头"发展定位

习近平总书记在2020年中央财经委员会第六次会议上提出，要发挥山东半岛城市群在黄河流域生态保护和高质量发展中的龙头作用，对于山东而言，既是光荣使命，也是重担在肩。对标长江流域，上海毫无疑问是长江经济带、长江三角洲的发展龙头，而反观黄河流域，虽然山东省在沿黄9省区经济实力最强、山东半岛城市群在沿黄7大城市群发展也最成熟，但与上海这种真正意义上的"龙头"相比，还有较大差距。在打造黄河"龙头"的进程中，首先必须明确"龙头"发展的真实定位，搞清楚什么样的定位是契合自身发展的定位，什么样的定位是可以引领整合黄河流域的定位。"十四五"阶段，着眼于"龙头建设"，契合山东半岛城市群的发展定位至少包含以下三个方面。

一 在黄河流域率先形成"生态保护"的龙头示范

从《黄河流域生态保护和高质量发展规划纲要》中可以明显看出,"生态保护"的分量很重,许多工作的开展都是建立在保护生态环境的前提下。因此,山东半岛城市群争做"龙头",首先要立足生态保护这一重要基点,要把建设黄河下游绿色生态走廊作为"塑强龙头"的重大工程,通过现代化生态治理手段解决黄河下游环境污染问题,让黄河绿色廊道与绿色城市群融为一体。

二 在黄河流域率先形成"产业合作"的龙头示范

山东作为黄河流域的经济龙头,突出产业发展优势是应有之义,并且在自身产业发展走在前列的同时,还应以"跳出山东、放眼全国、引领流域"的姿态,强化跨省域产业合作,加强科技创新引领,体现经济大省之风范。要加强与中原城市群、关中平原城市群等协同发展,将建设黄河科创大走廊、黄河现代产业合作示范带作为"龙头引领"的重大工程。

三 在黄河流域率先形成"战略互动"的龙头示范

"一带一路"建设、京津冀协同发展战略、长江经济带战略、长三角一体化战略、粤港澳大湾区战略这些国家重大发展战略之间形成有机互动是未来区域协调发展的重要课题,那么黄河流域生态保护和高质量发展战略如何与这些相对成熟的国家重大区域发展战略进行有机对接?山东应该率先做出表率,一旦能够形成战略互动的连接机制,将对南北经济协调发展十分有利。

第二节 山东半岛城市群的"龙头"发展基础

山东半岛城市群在黄河流域的发展优势主要体现在两大方面,一是作为发展最为成熟的城市群,其综合优势较为明显;二是作为黄河流域的出海大通道，对内对外两个扇面的承载地，其开放优势毋庸置疑。

一　山东半岛城市群的综合优势

山东作为我国传统经济大省，经济实力、科技实力、综合竞争力在黄河流域乃至全国都处于前列，特别是在"双循环"新发展格局下，山东的综合优势更加突出。

（一）产业基础实力雄厚

山东省产业体系完备，产业门类齐全，拥有联合国公布的全部41个工业大类和179个中类，化工、建材、医药、轻工、机械、纺织、冶金等行业产值居全国前3位，形成了以现代服务业和先进制造业为主导的产业体系，为塑造黄河流域发展"龙头"提供了坚实的物质基础。

（二）内需市场潜力巨大

2019年，山东省经济总量超过7万亿元，人均生产总值超过1万美元，常住和户籍人口均超过1亿人口，社会消费品零售总额超过3.5万亿元，市场需求规模十分可观；山东省常住人口城镇化率61.5%，仍处于城镇化快速发展期，投资需求潜力仍然巨大，有效投资增长也必然带动消费市场拓展，为"十四五"时期经济发展拓展更大空间、集聚更多人口和资本等要素资源，为"双循环"相互促进、塑强黄河流域发展"龙头"提供有力支撑。

（三）区位优势得天独厚

山东省北接京津冀，南连长三角，是我国南北经济版图的交会地带；东部毗邻日韩，拥有全国1/6的海岸线，是畅通国内南北循环、打通国际东西循环的"十字交会点"。同时，山东省拥有世界一流的港口群，完善的高铁、高速、常态化的中欧班列陆路通道和丰富的空中洲际直航航线，构建了立体高效的综合交通运输体系和国际物流网络。特别是山东自贸区、青岛上合示范区建设不断加快，推动畅通日韩、东盟区域"小循环"带动国际"大循环"水到渠成，形成了塑造黄河"龙头"的强大优势。

（四）重大战略叠加机遇

近年来，山东省新旧动能转换、乡村振兴、海洋强省等重大战略深入推进取得扎实成效。2019年，山东省"四新"经济实现增加值占比达到28%，投资占比达44.8%，新等级"四新"经济企业增长37.3%；乡村振兴持续深化，累计培育家庭农场7.3万家，农民专业合作社21万个，高素质农民40万人；海洋新兴产业快速发展，海洋生物医药、海水淡化与综合利用产业增加值居全国首位。特别是黄河流域生态保护和高质量发展国家战略规划即将颁布实施，为山东省主动融入"双循环"搭建了更大平台，为打造"龙头"效应提供关键抓手。

二 山东半岛城市群的开放优势

山东半岛城市群作为黄河流域唯一沿海的城市群，对外开放是其最大优势。近年来，山东深度参与"一带一路"建设、中韩自由贸易试验区建设，推动高质量"双招双引""引进来""走出去"并行扩大，开放的深度和广度持续提升，山东半岛城市群的开放空间得到全面拓展。

（一）山东开放型经济新体制较为成熟

面对开放发展的新机遇新挑战，山东省委把"打造对外开放新高地"作为八大发展战略之一，把"开放倒逼改革"作为九大改革攻坚行动的重要内容，围绕制度创新"育新机、开新局"。一是着力塑造开放型经济体制机制新优势。山东省委十一届九次全会对开发区改革创新作出部署，开发区体制机制改革全面推进。山东省委十一届十一次全会专题研究"打造对外开放新高地"，出台《关于深化改革创新打造对外开放新高地的意见》，聚焦发挥开放引领作用，推出45条实打实的政策措施，全力打造制度创新、高端产业融合发展、科技创新合作、国际地方经贸合作、人才集聚发展、区域协同开放、世界文明交流互鉴、国际一流营商环境8个新高地，构建起山东高水平扩大开放的"四梁八柱"。二是着力提升贸易投资便利化水平。投资环境就像空气，空气清新才能吸引更多外资。山东全面落实外商投资准入前国民待遇加负面清单管理制度，强化"要素跟着项目走"，出台《省重点外资项目要素保障实施细则》，让外商在山东投资放心、发展安心，2020年前三季度，山东省新设外资企业2003家，增长17.5%。大力推进跨境贸易便利化，围绕通关、退税、外汇开展流程再造，创新"两步申报""提前申报""绿色通道""电子税务局""本外币合一银行账户体系试点"等业务模式，提高服务效率。推进山东国际贸易"单一窗口"建设应用，截至2020年9月底，累计注册企业3.3万家，服务外贸企业17万家。聚焦企业"急难愁盼"，上线运行"山东省稳外贸稳外资服务平台"，截至10月中旬，共为企业解决实际问题2041个，坚定了企业拓市场、保订单的信心，稳住了外贸外资基本盘。三是着力深化与日韩机制化地方经贸合作。山东与日韩地方经贸合作达成9个方面机制化安排，建立了高层省部合作机制、司局级定期磋商机制、第三方市场合作机制、经济咨询顾问会议制度等，推动制度型开放先行先试。山东与韩国釜山开展通关流程创新合作，建立信息互换、FTA救助合作机制，深化AEO互认，把区位优势转化为合作机制优势。

（二）山东对外开放新格局建设优势明显

高能级平台集聚，自贸试验区、上合示范区获批，开发区体制机制改革创新全面推开，综合保税区整合优化，跨国公司领导人青岛峰会等重大活动接连举办，对外开放在更高起点上向高质量发展迈进。自贸试验区获批一年来，112项试点任务已实施102项，形成60项制度创新案例，36项在省内复制推广，7项创新案例具备全国首创性、得到国家有关部委认可。《中国（山东）自由贸易试验区条例》正式发布，为自贸试验区改革创新提供了坚实法治保障。2020年1—8月，自贸试验区实际使用外资7.7亿美元，完成进出口1837.3亿元，分别占全省的8.5%、13.7%。上合示范区建设开局起步、有序推进，以打造现代贸易中心引领"四个中心"建设，推动区域物流、双向投资合作、商旅文交流协同发展，2020年1—8

月，进出口7.2亿美元，增长16%。创新"负面清单"放权模式，"负面清单"之外的其他行政权力事项，按照"一次赋权、分批承接"的原则，下放"自贸试验区和上合示范区"实施。开发区聚焦主责主业，自我革命、改革创新，截至2020年10月底压减内设机构1474个（58.5%）、管委会人员28535人（57.1%）、实际管辖面积8006.9平方千米（39.8%），呈现出轻装上阵、活力迸发的良好态势，改革成效初步显现。2020年1—8月，54家试点开发区实际使用外资、进出口分别增长46%、19%，高于全省27.8个、17.5个百分点；经济开发区实际使用外资、进出口占全省比重较改革前分别提高了9个、10.4个百分点。综合保税区通过新设和整合，总量达到13个，居全国第三位，2020年1—8月进出口占到全省的10.3%，东营、济南综合保税区在全国位次分别提升了29位和28位。跨国公司领导人青岛峰会、儒商大会、青年企业家创新发展国际峰会、外交部"蓝厅"推介会、"对话山东—日本·山东产业合作交流会""山东与世界500强连线"等系列重大活动成功举办，搭建开放合作新平台，吸引了海内外客商投资山东、创业山东。

（三）山东高质量共建"一带一路"优势明显

融入"一带一路"建设由"大写意"转向"工笔画"。一是构建国际互联互通新通道。整合"齐鲁号"欧亚班列，运营线路直达"一带一路"沿线14个国家、42个城市，两年累计开行2280列，2020年前三季度，开行1151列，增加45.5%，进出口货值约97.9亿元。大力发展"多式联运"，建立中（鲁）韩、中（鲁）日欧亚国际物流通道统一服务平台，开行日韩陆海快线，加速推进中韩陆海联运甩挂运输常态化运行，畅通"东联日韩、西接欧亚"的国际物流大通道。二是创新境外园区发展新模式。出台《推进境外经贸合作区高质量发展行动计划（2020—2022）》，拓展"合作区+"发展功能，提升产业聚集和出口带动效应。2020年前三季度，山东省13家境外经贸合作区完成投资23.6亿元，产值137.2亿元，带动国内货物出口57亿元。三是拓展经贸合作新空间。积极参与"丝路明珠"工程，创新"丝路电商"，加强与沿线国家基础设施建设和国际产能合作。2019年，对"一带一路"沿线国家进出口、实际对外投资、对外承包工程完成营业额占全省比重分别达到29.5%、31.8%和64.4%，较2017年提高2.5个、5.1个和4.8个百分点。今年前三季度，对沿线国家进出口和实际投资分别增长10%、92.1%。

（四）山东开放型经济发展优势明显

既有量的合理增长，又有质的稳步提升，开放型经济"节节高"。一是总量屡创新高。2019年，山东省进出口首次突破2万亿元大关；实际使用外资146.9亿美元，全国排名前进2位跃居第4位，实现历史性突破。2020年前三季度，全省进出口、实际使用外资分别增长4.2%、27.9%。二是结构不断优化。外贸内生动力增强，民营企业、一般贸易进出口比重分别由2017年的59.1%、64.8%提高到2020年前三季度的68.6%、68.4%。高技术产业利用外资比重由2019年的14.1%提高到2020年前三季度的18.5%。贸易摩擦应对有力有效，2020年前三季度美国重返山东省第一大出口市场，自美国进口增长25.7%。三是动能加速转换。外贸新业态跑出"加速度"，山东省跨境电商进出口年均增长103.4%，2020年前三季度达到149%；市场采购贸易出口年均增长140%，2020年前三季度出口额超过去年全年。"十强产业"利用外资进入"快车道"，2018年、2019年和2020年前三季度，医药制造业实际使用外资分别增长67.6%、111.5%和145.9%。服务业扩大开放开启"新赛道"，济南、青岛、威海开展了国家全面深化服务贸易创新发展试点。

第三节　山东半岛城市群"龙头"引领的制约因素

从国家战略布局上来看，近年来山东半岛城市群的位置相对尴尬，北面有京津冀城市群、南面有长三角城市群，这些都是山东的发展"标兵"，而西面中原城市群发展势头迅猛，这又是山东的发展"追兵"，面对这种前有标兵、后有追兵的高压局面，山东半岛城市群要想顺利突围，在锻造自身长板的同时，还要必须解决好自身发展短板，重点解决那些"牵一发而动全身"的关键问题。

一　产业系统化程度不高

除了山东省会济南、计划单列市青岛，山东绝大多数地市经济发展都处于"工业化中期进程"，一些城市经济发展的资源型、重化型特征并没有从本质上改变，在"双招双引"的压力下，各个地区之间抢项目、抢人才、抢投资，导致不少城市的产业结构重复，且处于产业链中低端的项目较多，数据显示，山东沿黄地区制造业营业收入前5位的行业多为高耗能行业。再比如，近几年多地都在大力发展新材料、高端装备、电子信息等产业，但单打独斗居多，地区间并没有形成科学的专业化分工协作，自然也就无法形成产业集群，导致山东半岛城市群产业系统化程度不高。

二　中心城市引领度不高

从全国范围内来看，山东各个城市之间发展相对均衡，县域经济实力较强，但两个中心城市济南、青岛只能算是省内的中心城市，一直无法步入国家中心城市行列，更不用说全球城市行列。以济南为例，其经济总量曾一度落后于烟台，居省内第三位，在济南都市圈、省会经济圈方面发展也只是刚刚起步。从区域经济发展的经验和实践来看，虽然不能断言省会首位度越高越好，但济南在全国所有省会城市的综合排名显然与山东经济大省地位不相称。不过，济南的省会优势近三年加速凸显，已经迈进"万亿俱乐部"。"十四五"时期济南市政府提出了四个定位：山东半岛城市群龙头城市、黄河流域高质量发展中心城市、国家中心城市、国家综合性科学中心城市。这些定位都有助于强化中心城市引领，有利于建设新增长极。

三 区域一体化发展程度不高

这里谈的区域一体化，既包括山东半岛城市群的一体化，还包括黄河的流域一体化。区域一体化发展是一种比较高级的发展阶段，现在长三角在积极打造一体化，长三角一体化涉及三省一市，其中跨省域的行政壁垒显然要比山东一省更复杂。但是，山东半岛城市群一体化发展的内生动力并不足，目前还在三大经济圈设立初期。黄河流域一体化主要体现在黄河流域城市群生态保护的统筹协调机制是否建立，这个机制是黄河国家战略落实的重要主线，从目前情况来看，文旅界、社科界、科技界在黄河流域的合作机制开始积极探索，跨流域生态治理机制尚未推动。山东半岛城市群作为发展龙头，必须在这方面起到引领带动的作用。

第四章 国内外超大城市群建设的经验与启示

本章将剖析美国东北部大西洋沿岸城市群、北美五大湖城市群、日本太平洋沿岸城市群、英国中南城市群、欧洲西北部城市群五大世界级城市群，以及国内长三角城市群、珠三角城市群、京津冀城市群、成渝城市群、长江中游城市群五大城市群的发展特点，将山东半岛城市群与国内外大城市群进行对比分析，总结出经验启示。

第一节 国外世界级城市群的发展特点

北美、日本、欧洲在城镇化发展方面比我国要成熟很多，尤其是国际上公认的五大世界级城市群均分布于欧美日，这为黄河流域城市群建设特别是山东半岛城市群建设提供了宝贵经验。

一 美国东北部大西洋沿岸城市群

美国东北部大西洋沿岸城市群可被认为是世界级城市群的"鼻祖"，公认实力最强的城市群，其核心城市是美国纽约，城市群内部还有华盛顿、波士顿、费城等国际大都市和近50个中小城市，城市化率高达90%，整个城市群制造业产值占美国的70%。

从发展历程来看，美国东北部大西洋沿岸城市群大致经历了四个阶段：一是各城市独立分散发展阶段（1870年之前），这一阶段城市间联系并不紧密，大城市规模有所扩张但与外界相对独立，中小城市松散分布且不成体系；二是双核城市体系初步形成阶段（1870—1920年），这里的双核城市是指纽约与费城，这一阶段初步展现出特大城市的集聚效应，发展轴线逐渐清晰；三是"都市区"向"都市带"过渡阶段（1920—1950年），这一阶段中心城市的规模进一步扩大，城市的边界逐步向郊区扩张，都市区逐渐形成，并成绵延状态向都市带转变；四是"都市圈"向"都市群"过渡阶段（1950年以后），这一阶段纽约、华盛顿、波士顿、费城等大都市逐渐形成自身都市圈，且这些都市圈逐步连接成为美国东北部大西洋沿岸城市群。

从城市分工格局和空间发展格局来看，美国东北部大西洋沿岸城市群内部各大城市分工合理：纽约主要承担金融、商业功能，是国际金融中心；华盛顿是美国首都，国际金融机构大多聚集于此；波士顿主要承担科技、教育功能，一批常青藤名校聚集于此；费城依托地理优势，将费城港打造成为世界最繁忙港口之一。在空间发展格局方面，总体经历了"点轴渐进""轴带成网"的过程。最早由大西洋沿岸的几个港口城市逐渐发展为具有影响力的中心城市，极化作用、溢出效应双向发力，中心城市逐渐发展为大都市圈。随着大西洋沿岸交通基础设施日趋成熟，大都市圈之间形成城市功能性网络，实现了东北部大西洋沿岸一体化发展。

二 北美五大湖城市群

北美五大湖城市群跨越美加两国，主要包括芝加哥、底特律、多伦多、蒙特利尔等重要城市。北美五大湖地区的城市开发起源于19世纪初期，依托丰富的自然资源，先后经历了农业鼎盛和工业鼎盛时期，到20世纪初形成了密歇根湖城市带、安大略湖城市带共同组成的世界级城市群。其自身发展特点大致有以下四个方面：第一，从发展模式上来看，北美五大湖城市群并没有所谓绝对中心的超大城市，而是多中心共同发展模式，整个城市群内部中小城市有35个，城市功能有序分工。第二，城市群内部区域合作极为高效。北美五大湖城市群各个城市的主导产业较为单一，但产业特色鲜明，城市间形成了连接紧密、相互支撑的产业合作网络，实现了城市群区域合作一体化。第三，高度重视科技产业、先进制造业发展。"二战"后美国国内传统制造业受到冲击，原本以传统制造业为主的北美五大湖城市群迅速转型，开始重视科技产业和先进制造业发展，事实证明，这种产业结构转型在北美五大湖城市群成长为世界级城市群过程中发挥了重要作用。第四，交通地理优势明显，北美五大湖城市群坐拥世界最大淡水湖群这一无可比拟的自然优势，同时又处于密西西比河水系之中，加之成熟的铁路运输网络，使城市群各主要城市都成为交通要塞。此外，北美航空运输量第二的机场也在该城市群，这种发达的交通运输体系为城市群运转提供了坚实基础。

三　日本太平洋沿岸城市群

日本太平洋沿岸城市群主要由日本三大都市圈构成，核心城市是东京、大阪、名古屋，占据了日本总人口的60%、日本工业总产值的65%，集中了日本全国80%以上的金融资源、教育资源、研发机构。相较于美国的世界级城市群，日本太平洋沿岸城市群发展较晚，从1960年才进入开发阶段。其自身发展特点大致有以下四个方面：

第一，注重城市空间规划的引领。1962—2008年，日本先后制定了六次全国综合开发规划，重点解决大都市资源过度聚集问题，强调构建"多核分散"的战略布局。

第二，城市群注重区域产业分工。东京都市圈是日本的政治中心、经济中心和文化中心，也是日本工业城市集聚区、金融机构总部集聚区；大阪都市圈是日本最大的消费品生产基地；名古屋都市圈则是以重化工业为主体的工业基地。

第三，城市群空间布局呈"由点及面"分布。日本太平洋沿岸城市群的空间布局为"一心两点"，一心是指中心城市东京，两点分别是两个卫星城市——大阪、名古屋，中心城市的集聚效应和辐射效应相对均衡，使近郊卫星城和远郊卫星城也承担了中心城市的部分职能。

第四，探索在城市群内部设立议事协调机构。日本太平洋沿岸城市群为建立内部协调机制曾尝试设立了多个组织机构，最为成熟的是"关西经济联合会"，作为一个非官方非营利性的社会组织，其主要作用是通过搭建政企交流平台，促进城市群内部一体化发展。

四 英国中南部城市群

英国中南城市群又称英伦城市群，主要以首都伦敦为核心，以"伦敦至利物浦"为发展轴，聚集曼彻斯特、伯明翰等重要城市，以及十几个中小城市，是整个英国的经济核心地带和工业发展集聚区。相较于其他世界级城市群，英国中南城市群总体规模最小，但开发最早。其自身发展特点大致有以下四个方面：

第一，具备严格的城市发展规划。英国中南城市群的发展规划有严格的法律保障，确保实施过程中的权威公正，并且该规划设计吸纳了广大民众意愿，坚持"以人为本"。

第二，注重构建城市群协调机制。英国在设立城市群协调机构方面经历了三个阶段，最初是在1964年组建"大伦敦议会"来协调伦敦城市群发展问题，到了1985年该议会被废除，通过英国环境部来承担原有议会的职能，但协调效果一直不理想。直到2000年又重新组建了"大伦敦市政议会"，负责整个城市群的战略统筹，该机制一直运行至今。

第三，注重城市群内部一体化发展。英国是全球首个实现城镇化的国家，在解决城乡发展不平衡问题方面经验丰富。因此，英国中南城市群在管理理念上提出，城市间虽然有规模大小之分，但在发展权利和发展地位上完全平等，城市间合作发展必须建立在平等基础上，这为整个城市群优势互补、科学分工、协同发展创造了外部条件。

第四，高度重视生态环境保护。泰晤士河是英伦城市群的母亲河，但在城市群发展初期，工业粗放发展、人口数量激增，泰晤士河受到严重污染。随后，英国政府认识到生态环境问题，采取一系列严苛措施恢复泰晤士河生态，经过150多年的生态整治，泰晤士河已经成为全球最洁净的黄金水道之一。

五　欧洲西北部城市群

欧洲西北部城市群相对特殊，原因在于该城市群并没有所谓的中心城市，而是由三个发达国家的城市群组成。

一是法国巴黎城市群，其核心城市为首都巴黎，同时沿塞纳河规划布局了35个中小城市，来分散巴黎过度聚集的人口和工业。

二是德国莱茵—鲁尔城市群，该城市群依托工业而建，包括四个中心城市：杜塞尔多夫（行政中心和经济中心）、杜伊斯堡（钢铁和机械制造业中心）、多特蒙德（采煤和冶金中心）、埃森（飞机制造和军工中心）。

三是荷兰兰斯塔德城市群，该城市群主要由三个中心城市和三个中等城市构成，三个中心城市包括首都阿姆斯特丹、世界最大的港口鹿特丹、荷兰中央政府所在地海牙，三个中等城市为莱登（荷兰教育中心）、哈勒姆（荷兰旅游中心）、乌德勒（荷兰宗教中心），可见，兰斯塔德城市群将科技、教育、文化、金融等多种功能区比较均衡的分布于中心城市和中等城市之间。从整个欧洲西北部城市群的发展来看，三大城市群之间通过欧洲密集的交通运输网络串联在一起，各个城市群内部分工明确，一体化程度较高，使欧洲西北部城市群在世界范围内一直保持较强的竞争力。

第二节　国内五大城市群的发展特点

目前在我国19个城市群中，长三角城市群、珠三角城市群、京津冀城市群、成渝城市群、长江中游城市群的整体实力和发展潜力位居前列，本节重点介绍这五大城市群的发展特点。

一 长三角城市群

长三角城市群是我国综合实力最强的城市群,并基本具备成长为世界级城市群的潜质,其基本架构为"一核五圈26城",其中核心城市为上海,五圈即浙江省的杭州都市圈、宁波都市圈,江苏省的南京都市圈、苏锡常都市圈,安徽省的合肥都市圈。长三角城市群在我国发展全局中的重要地位可以用一组数据来体现:以2019年数据为例,长三角城市群经济总量占全国的20%,长三角城市群常住人口数量占全国的11%,长三角城市群主板上市公司数量占全国的18.7%,长三角城市群中"万亿俱乐部"城市数量占全国的37.5%。

长三角城市群产业优势明显,在科技创新、现代服务、高端制造等方面在国内处于领先地位。城市群内部几个重要城市的定位也比较清晰:按照上海市的"十四五"发展规划和2035年远景目标,其定位是国际经济中心、金融中心、贸易中心、航运中心、科创中心,建成有全球影响力的社会主义现代化国际大都市。按照浙江省的"十四五"发展规划和2035年远景目标,杭州未来的定位是综合性国家科学中心、国际金融科技中心、国家中心城市、现代化国际化大都市区。苏州则是我国最强地级市、中国第一大工业城市,其支柱行业为电子信息、电气机械,并重视发展生物医药制造、纳米技术等新兴产业,以及人工智能、集成电路等先导产业,目前苏州已经成为全国重要的医疗器械、基础石化、汽车零部件生产基地。按照安徽省的"十四五"发展规划和2035年远景目标,合肥未来的定位是综合性国家科学中心、国家级产业创新中心、国家新一代人工智能创新发展试验区、国际金融后台服务基地。

二 珠三角城市群

珠三角城市群以广州、深圳为双核,包括广东省9座城市,2019年经济总量占全国的9%,主板上市公司数量超过全国的20%,是全国人均GDP最高的城市群、全国城镇化率最高的城市群,目前依托粤港澳大湾区国家战略,珠三角城市群正在建设全球科创中心、全球新兴产业基地、全球先进制造业基地、全球现代服务业基地。

从城市群空间布局来看,省会广州是珠三角城市群的政治中心、经济中心和文化中心,正在打造国际综合交通枢纽、国际交往中心。深圳市作为中国特色社会主义先行示范区,致力于打造全球海洋中心城市、现代化国际化创新型城市、有全球影响力的创新创业创意之都、全球标杆城市。除了广州、深圳这两个核心城市外,珠海作为珠三角城市群的区域副中心,正在打造"广珠澳科技创新走廊",建设粤港澳大湾区国际科技创新中心、建设世界级高新技术产业和先进制造业基地。在珠三角城市群中,佛山市产业基础雄厚,在智能制造方面具有突出优势,目前重点发展先进装备制造、汽车、新一代信息技术、生物医药与健康四大行业。东莞市在珠三角城市群高质量发展中扮演重要角色,其中东莞水乡特色发展经济区、东莞粤海银瓶合作创新区、东莞滨海湾新区是珠三角重大区域发展平台,目前正在建设国际制造名城、珠三角创新创业基地。从地理区位上来看,肇庆市是粤港澳大湾区最大的发展腹地,目前与深圳、广州实现了产业协同、错位发展,正在构建广深港澳孵化基地、大湾区科研成果转化的主载体。中山市目前正在打造珠江东西两岸融合发展的支撑点、沿海经济带的枢纽城市、粤港澳大湾区的重要一极。

三 京津冀城市群

京津冀城市群以首都北京为核心,包括直辖市天津,河北省石家庄、唐山、保定等13座城市,2019年京津冀城市群经济总量占全国的9.4%,常住人口数量占全国的8%,主板上市公司数量超过全国的40%,依托京津冀协同发展国家战略、首都北京"四个中心"建设、雄安新区建设,京津冀城市群未来将致力于打造世界级城市群。

从空间布局上来看,京津冀城市群发展坚持"一盘棋"思想,城市间功能互补、竞合发展。北京的发展定位是"四个中心",即全国政治中心、全国文化中心、国际交往中心和国际科技创新中心，其中北京要建设"科创中心"是具备一定基础的，因为目前京津冀城市群研发费用占 GDP 比重在全国 19 个城市群中最高。天津的功能定位是"一基地三区"，"一基地"是指全国先进制造研发基地，"三区"是指北方国际航运核心区、金融创新运营示范区、改革开放先行区。按照河北省的"十四五"发展规划，河北省的功能定位主要聚焦三个方面：一是"三区一基地"，即全国现代商贸物流重要基地、产业转型升级试验区、新型城镇化与城乡统筹示范区、京津冀生态环境支撑区；二是高标准高质量建设雄安新区；三是精心办好 2022 年北京冬奥会。

四　成渝城市群

介绍成渝城市群之前，先看一组对比数据：长三角城市群、珠三角城市群、京津冀城市群用全国 2.8% 的土地承载了近 18% 的人口，但贡献了近 40% 的 GDP。整个西部地区用全国超过 70% 的土地近贡献了不到 20% 的 GDP。2020 年中央财经委员会第六次会议提出要推动成渝双城经济圈建设，中央这一顶层设计，意在将成渝城市群打造为我国区域经济发展的第四极，充分激活西部地区 4 亿人口的超大内需市场，让"内陆＋内需"成为国内大循环的重要战略支撑。

作为拥有两座国家中心城市的城市群，从经济基础上看，2019 年成渝城市群 GDP 接近 7 万亿元，经济总量占整个西部地区的 33.25%，重庆市从 2017 年以来经济增速一直超过 8%。从地理区位上看，成渝城市群是"一带一路"建设、长江经济带、西部大开发的战略交汇点，是西部陆海新通道建设的核心支撑。根据四川省的"十四五"发展规划，四川省的发展定位是国际消费中心城市、国家物流高质量发展示范区、全国具有影响力的重要经济中心、全国具有影响力的科技创新中心。根据重庆市的"十四五"发展规划，重庆市的发展定位是国家重要先进制造业中心、西部金融中心、西部国际综合交通枢纽、国际门户枢纽、全国具有影响力的科技创新中心。

五　长江中游城市群

长江中游城市群是我国19个城市群中地理面积最大的城市群，核心城市是湖北省会武汉市，覆盖范围包括湖北省13市、湖南省8市、江西省10市，2019年经济总量占全国的9.3%，是长江经济带国家战略的关键支撑。

从功能定位上来看，长江中游城市群的定位是中国经济新增长极、中西部新型城镇化先行区、内陆开放合作示范区、"两型"社会建设引领区，目前，长江中游城市群致力于打造具有世界影响力的产业创新走廊。根据湖北省的"十四五"发展规划，湖北省的发展定位是全国重要的科技创新中心、先进制造业中心、商贸物流中心、区域金融中心，构建"一主引领、两翼驱动、全域协同"的区域发展格局。根据湖南省的"十四五"发展规划，湖南省的发展定位是：通过实施"八大工程"[①]打造国家重要先进制造业高地，通过实施"七大计划"[②]建设具有核心竞争力的科技创新高地，通过实施"四大改革行动"[③]打造内陆地区改革开放高地。根据江西省的"十四五"发展规划，江西省的发展定位是国家绿色有机农产品、数字经济、有色金属、航空等装备制造、新能源新材料、中医药、文化和旅游等产业重要基地，打造全国传统产业转型升级高地和新兴产业培育发展高地。

第三节　与山东半岛城市群的比较分析

本节在总结国内外大城市群发展共性特点基础上，通过三个方

[①] 八大工程是指先进装备制造业倍增、战略性新兴产业培育、智能制造赋能、食品医药创优、军民融合发展、品牌提升、产业链供应链提升、产业基础再造。

[②] 七大计划是指关键核心技术攻关、基础研究发展、创新主体增量提质、芙蓉人才行动、创新平台建设、创新生态优化、科技成果转化。

[③] 四大改革行动是指深化国资国企、投融资体制、要素市场化配置、"放管服"。

面与山东半岛城市群进行比较分析，即从城市群发展阶段进行对比、从城市群核心城市综合实力进行对比、从城市群区域分工进行对比，最后总结出对山东半岛城市群发展的有益启示。

一 国内外大城市群的共性特征

通过前文对国内外大城市群的介绍，可以总结出这些大城市群尤其是世界级五大城市群在发展特点、发展规划上的一些共性特征，大致有以下四个方面。

（一）城市群内部要素流动相对自由

城市群建设的最终目标是要实现一体化发展，而实现一体化发展要首先实现要素的自由流动。无论是世界级五大城市群，还是我国国内的长三角城市群，在推进跨区域要素自由流动方面都卓有成效。例如，欧洲西北部城市群虽然跨越三个国家，但发达的交通设施网络使城市群内部"同城效应"很高，相对自由流动的各类要素也促成了市场机制的高效运转，使各大都市圈紧密联系，提高了整个城市群的协同度。长三角城市群目前也在"互通互认"方面推进要素自由流动，比如高端人才统一互认、医保和公积金便利共享等，逐步建立起更有利于要素自由流动的体制机制。

（二）具备鲜明的核心功能与突出的核心城市

从国内外城市群的功能定位可以看出，国家核心功能和高端国际化功能几乎是这些城市群的标配，比如国内五大城市群都与国家重大区域发展战略相辅相成，珠三角城市群与粤港澳大湾区有机融合，长江中游城市群是长江经济带的重要产业支撑。此外，拥有全球重要城市也几乎是这些城市群的标配，比如美国东北部大西洋沿岸城市群的纽约、日本太平洋沿岸城市群的东京、英国中南部城市群的伦敦都是全球著名金融中心，欧洲西北部城市群的鹿特丹是全球第一大港口城市，京津冀城市群的北京是中国政治中心，长三角城市群的上海是中国经济中心、金融中心。

（三）具备成熟的产业组织体系

在打造世界级城市群的影响因素中，产业水平是基础性、决定性因素，无论是国际五大城市群还是国内五大城市群，这一经验判断都是符合事实的。这种成熟的产业发展水平体现在多个方面，一是城市间科学高效的产业分工，核心城市与周边城市之间能够根据自身发展比较优势，实现产业结构优化、产业有序转移，例如京津冀城市群很好地完成了非首都功能疏解、产业转移等任务；二是具备世界级产业集群，例如欧洲西北部城市群依托德国鲁尔工业区打造世界工业集群、美国东北部大西洋沿岸城市群依托纽约打造世界级金融产业集群、长三角城市群依托上海打造世界级新兴产业集群。

（四）城市群空间层级结构相对合理

空间层级结构布局合理是世界级城市群的重要外在表现，从国内外大城市群的发展经验来看，外部框架以"环状"和"带状"居多。例如，欧洲西北部城市群、我国长三角城市群是典型的"环状"城市群，美国东北部大西洋沿岸城市群、我国长江中游城市群是典型的"带状"城市群。此外，城市群内部由多个都市圈共同支撑，例如美国东北部大西洋沿岸城市群由波士顿、华盛顿等五大都市圈组成，国内长三角城市群除上海大都市圈外还包括五个都市圈，欧洲西北部城市群则包括了三个国家的大城市群。

二 城市群发展阶段对比

按照城市群发展的一般规律，通常会经历"独立发展—组团发展—雏形—成熟"四个阶段，而判断一个城市群所处哪个阶段，一般要参照城市群的综合发展水平如何、城市群协同发展状况如何。以世界级城市群美国东北部大西洋沿岸城市群、欧洲西北部城市群为例，这些城市群经历了100多年的发展，早已成长为世界重要经济中心，城市群一体化发展相当成熟，是典型的城市群最高级阶段。反观国内，全国城市群的发展规划都是近十几年的事情，长三角城市群作为我国经济水平、创新程度最高的城市群，也只能算是处于从"组团发展"向"城市群雏形"的过渡阶段，因为长三角城市群一体化才刚刚起步，还未达到高度协同状态。那么，山东半岛城市群与这些大城市群相对比，只能定位于"组团发展"的初始阶段，因为山东早期是"双核引领"，也就是济南、青岛两市独大，到2017年山东启动新旧动能转换重大工程，又将烟台市列为山东发展第三核，即所谓的"三核引领"，但无论是"双核引领"还是"三核引领"，本质都是城市群的第一阶段——"独立发展"阶段。2020年山东半岛城市群开始重点布局"三大经济圈"，即省会经济圈、胶东经济圈、鲁南经济圈，这三大经济圈的设立也标志着山东半岛城市群步入了城市群第二阶段——"组团发展"阶段。因此，从城市群发展阶段对比分析而言（具体参见表4-1），山东半岛城市群与国内外大城市群之间的差距还很大。

表4-1　　　　　　　国内外大城市群发展阶段对比

城市群名称	城市群发展阶段	城市群名称	城市群发展阶段
美国东北部大西洋沿岸城市群	成熟阶段	长三角城市群	组团发展向雏形过渡阶段
北美五大湖城市群	成熟阶段	珠三角城市群	组团发展向雏形过渡阶段
英国中南部城市群	成熟阶段	京津冀城市群	组团发展向雏形过渡阶段
欧洲西北部城市群	成熟阶段	长江中游城市群	组团发展阶段
日本太平洋沿岸城市群	成熟阶段	成渝城市群	组团发展阶段

三　城市群核心城市对比

世界级城市群在空间结构上均有超大都市作为整个城市群的核心，如美国东北部大西洋沿岸城市群以纽约为核心，日本太平洋沿岸城市群以东京为核心，中国的长三角城市群以上海为核心，简言之，世界级城市群中"单核"城市群居多。山东省"十四五"时期空间布局是"一群两心三圈"，即山东半岛城市群是以济南、青岛双核为重点支撑。显然，我们将济南、青岛与纽约、东京作比较实际意义不大，但与国内重要城市群的核心城市进行比较是可以发现问题的。以中国社会科学院城市竞争力研究中心发布的2020年国家中心城市指数（如表4-2所示）为例，该指数包含政治、金融、科技、交通、贸易、教育、文化、医疗、信息、对外交往十大维度，综合来看，山东半岛城市群的这两个核心城市还处于"追赶阶段"。比如，按照该指数划分的三个档次，在国家中心、国家重要中心方面，十大维度中济南、青岛都没有入选，在"潜在国家重要中心"中，济南、青岛同时入围的也只有金融、贸易、信息三大维度。总之，与国内五大城市群的核心城市存在较大差距。

表4-2　　　　　　　　2020年国家中心城市指数

维度	国家中心	国家重要中心	潜在国家重要中心
政治维度	北京	无	无
金融维度	上海	北京、深圳、广州、天津、南京、杭州	成都、武汉、西安、宁波、重庆、大连、青岛、济南、郑州、苏州、厦门、沈阳
科技维度	北京	上海、武汉、广州、深圳	杭州、重庆、西安、成都、南京、天津、合肥
交通维度	上海	北京、广州、深圳、重庆、武汉、成都、西安、杭州	青岛、宁波、天津、南京、厦门、杭州、长沙
贸易维度	上海	北京、深圳	天津、广州、杭州、大连、郑州、厦门、济南、重庆、南京、成都、武汉、青岛、长沙、沈阳、苏州、哈尔滨、西安
教育维度	北京	上海	南京、西安、武汉、广州、成都、长沙
文化维度	北京	上海、西安、广州、杭州、南京、郑州	重庆、深圳、武汉、济南、苏州、成都、长沙、合肥
医疗维度	北京	上海、广州、西安、武汉、南京、成都	杭州、天津、济南、重庆、沈阳、长沙、哈尔滨、郑州

续表

维度	国家中心	国家重要中心	潜在国家重要中心
信息维度	北京	深圳、上海、广州、成都、杭州、重庆	天津、南京、武汉、西安、郑州、济南、长沙、合肥、哈尔滨、兰州、沈阳、厦门、青岛、宁波、大连
对外交往维度	北京	上海、广州、深圳、成都、重庆、杭州	西安、天津、武汉、南京、厦门、长沙

资料来源：中国社会科学院城市竞争力研究中心。

四 城市群区域分工对比

科学合理的城市功能分工是城市群步入成熟阶段的标志，一些世界级城市群的分工布局就很好地体现出这一点，美国东北部大西洋沿岸城市群的功能分工非常合理，华盛顿是政治文化中心、纽约是经济金融中心、波士顿是信息科技中心。在日本太平洋沿岸城市群中，东京是政治经济中心、阪神地区是商业中心、名古屋地区是制造业中心。国内的长三角城市群同样分工合理，上海是经济金融中心，苏州是制造中心，周边省会城市承担区域性经济中心功能，宁波承担部分对外贸易功能。相对而言，山东半岛城市群区域分工方面特色还不够鲜明，济南是山东省的政治中心，而青岛和济南在经济方面的定位分别是财富管理中心、区域金融中心，近年来青岛地区的部分金融机构省级总部陆续迁往济南，未来济南有望成为山东半岛城市群的经济中心，但目前仍在建设之中。除此之外，济南还在打造北方医疗中心、科创中心等，从城市功能疏解方面来看，目前还处在济南老城中心疏解过程中，并非城市间的功能转移和产业转移。

第四节　对山东半岛城市群发展的启示

通过前文对国内外大城市群的分析，结合山东半岛城市群发展的自身特点，可归纳出以下几点启示：

一　要突出城市群核心城市的聚合与引领作用

城市群综合实力的强弱往往取决于该城市群核心城市的聚合与引领效能，无论是世界级五大城市群，还是国内的长三角城市群，其核心城市都具备全球城市的影响力。作为全球城市，在资源要素聚合和引领示范方面都非常突出，比如金融中心功能、一流企业总部聚集地、交通主要枢纽等。所以，山东半岛城市群需要提升济南、青岛两个核心城市的发展能级，支持济南建设现代化国际大都市，支持青岛建设全球海洋中心城市。

二　要打造系统完备的世界级产业集群

城市群综合竞争力的提高离不开产业支撑，而世界级城市群则需要世界级产业集群给予强力支持。以长三角城市群为例，在集成电路、生物医药、人工智能等领域积极打造世界级产业集群。反观山东，产业创新发展能力不足，传统产业转型升级压力大，战略性新兴产业发展较慢，是制约山东高质量发展的短板。因此，山东半岛城市群要想发挥黄河流域"龙头"作用，需要重视这一短板。

三　要提升区域发展一体化水平

城市群发展的最终目标是要实现区域一体化，国内外大城市群都在朝着这一目标迈进，比如日本太平洋沿岸城市群的关西地区经济一体化、中国长三角城市群的长三角一体化示范区建设等。而从整个黄河流域来看，协作机制偏弱，省际协作发展的一些关键性问题大多停留在共识层面，缺少行之有效、操作性强的协同联动机制。山东省内部的协同发展机制也不够完善，山东半岛区域一体化内生动力不足，各地区比较优势发挥不充分，产业发展互补性不强。

四 特别重视生态保护与城市发展之间的平衡规律

城市群发展在尊重经济规律的同时还要尊重生态规律,要将生态环境保护作为城市群发展的一项重要内容。例如英国中南部城市群高度重视泰晤士河的生态环境,北美五大湖城市群更是以五大湖为生态根基,中国长三角城市群则要建设世界级滨水区。而山东沿黄地区生态环境比较脆弱,黄河水生态环境问题依然突出,干支流岸线资源管理粗放,"四乱"问题尚未彻底解决。因此,山东半岛城市群需要将黄河流域的生态健康作为整个城市群发展的内在基因。

第五章　打造黄河下游绿色生态廊道

推进黄河下游湿地保护和生态治理，建设黄河下游绿色生态廊道是黄河流域下游地区的重要任务，山东半岛城市群应立足生态优先、绿色发展，通过实施绿色战略，推进水资源保护和高效利用；通过实施绿洲战略，着力保护和修复黄河三角洲；通过实施绿岸战略，推动沿黄两岸农业高质量发展。

第一节　建设黄河下游绿色生态廊道的总体思路

山东半岛城市群建设黄河流域的发展龙头，首要应立足生态保护这一战略基点，将绿色发展理念融入建设全过程，要协调好"保护与发展、开发与利用、河道与河岸、政府与市场"等关系，实施"绿水—绿洲—绿岸"三大战略，坚持系统理念，共同推进黄河下游绿色生态廊道建设，将山东半岛城市群建设成为黄河流域绿色城市群。

绿水战略，以水资源保护和节约高效利用为重点。开展东平湖流域生态保护修复工程，实施东平湖流域生态环境综合整治工程，推进沿湖8个乡镇及稻屯洼周边区域共计422个行政村的生活污水收集治理，实现沿湖8个乡镇及稻屯洼周边区域生活垃圾收集率100%，无害化处理率100%。实施沿湖生态保护与修复工程，加快实施东平湖环湖生态隔离带建设项目、土地综合整治和资源化利用项目等，力争到2035年东平湖水质提升到Ⅰ类标准，将东平湖打造成为黄河流域生态高水平保护的示范。开展黄河流域水污染综合治理工程，2020年年底前完成29县（市、区）入河排污口排查，形成排污口清单。实施工业污染深度治理工程，确保工业污染源全面达标排放。实施城镇生活污染治理工程，到2025年，城市、县城污水处理率分别达到98%和95%以上，建制镇污水处理率达到75%以上。实施农村人居环境综合整治工程，2025年年底前，沿黄25县（市、区）90%以上的行政村完成生活污水治理任务。保障黄河滩区环境综合治理，按期完成黄河滩区居民迁建各项任务，完成滩区重污染企业关闭或搬迁。实施饮用水水源地保护工程，全面开展城市及以上饮用水水源达标治理，强化农村饮用水水源保护。实施河湖生态修复工程，加快推进小清河、徒骇河及其支流等河道生态保护与修复工程建设，打造有生气、有灵性、有文化、有灵魂的幸福黄河。

绿洲战略，以着力保护和修复黄河三角洲为重点。开展黄河三角洲湿地生态系统保护工程，支持创建黄河口国家公园，加大黄河三角洲自然保护地和生态保护红线监管力度。实施黄河三角洲湿地生态修复工程，到2025年年底，整治修复滨海湿地6283.41公顷，恢复生态岸线149千米；加快实施清水沟流路生态补水、大汶流区域循环水系等工程，打造"河—海—陆—湿地"统筹的区域水资源循环格局，促进黄河三角洲湿地、河流生态系统的健康发展。实施河口、海湾污染防治工程，对东营、滨州2市的12条入海河流进行综合整治，全面消除失Ⅴ类水体，减少总氮等污染物入海量，到2025年，入海河流总氮浓度在2020年的基础上下降10%左右。

绿岸战略，以推动沿黄两岸农业高质量发展为重点。要突出黄河流域农业优势，实施绿色生态农业重大工程。包括高标准农田建设、粮食绿色高质高效创建、特色农产品优势区建设、黄河流域（山东）现代农业科学城等。要将黄河流域生态保护和高质量发展战略与乡村振兴战略相互衔接，在沿黄两岸结合地区农业优势，构建现代农业发展共同体。支持沿黄地区整县创建农业绿色发展先行区，加快建设现代农业产业体系、生产体系、经营体系，创新体制机制，全面激发乡村振兴活力，争取打造黄河流域农业绿色发展样板。

第二节　绿水战略：推进水资源保护和高效利用

一　山东黄河流域水资源利用情况

（一）水资源禀赋先天不足，未来供需缺口较大

山东沿黄25县（市、区）年均降水量606毫米，较全省平均偏低10%。人均当地水资源量为257立方米，较全省人均占有量315立方米低18%，属于人均占有量小于500立方米的严重缺水地区。据测算，现状平水年缺水量7.98亿立方米，缺水率13%，枯水年缺水量10.25亿立方米，缺水率16.6%，随着经济社会不断发展和人口持续增加，水资源供需形势日益紧张。

（二）供水结构尚不合理，多水源配置利用仍需优化

主要表现为引黄指标与引黄需求不匹配，引黄指标明显不足，如河口区黄河水是唯一可用的淡水资源，现有引黄指标1.1亿立方米，初步预计到2025年，农业灌溉、生态治理等淡水资源缺口在3.4亿立方米左右，引黄指标的短缺严重制约河口区经济社会发展，在引黄指标趋紧，引黄监管更加严格的背景下，多水源尚未得到优化利用，供水形势更加严峻。南水北调东线二期前期工作虽然正在推进，但短期难以弥补水资源的不足，另外，长江水水价偏高，各地利用长江水的积极性不足。

（三）水利基础设施不完备，水资源配置利用体系仍需完善

黄河调水调沙使山东段河床下切2米左右，引黄涵闸引水能力下降明显，引水困难。部分区域水系连通不足，城乡供水体系不完

善，水资源调配互补受限。引黄灌区末级渠系欠账较多，存在渠系淤积、建筑物老化失修问题。各地城乡供水体系尚需进一步完善。部分县（市、区）地表水开发利用不足，工程尚存短板，需加大水库、拦河闸坝建设，增加地表水拦蓄、调蓄利用量。再生水利用管网等基础设施建设不足，再生水直接利用量还需提升。

（四）水资源利用效率不高，节水水平尚需提升

沿黄地区有引黄的独特优势，但存在大水漫灌的现象，根据已有数据，引黄灌区农田灌溉水利用系数相对较低，农田灌溉水利用系数为0.50—0.64，不到山东省节水型社会建设技术指标0.65的标准。工业节水水平各地高低不同，滨城区、邹平市等5个县（市、区）万元工业增加值用水量在30立方米以上，还有较大提高潜力，东明县、梁山县、齐河县、平阴县、历城区、章丘区、利津县、垦利县城镇供水管网漏损率在11%以上，需加强城镇管网的改造，提高城镇节水水平。

（五）水生态脆弱，人水和谐的水生态保护体系尚未建立

局部地区水资源开发利用程度已超出当地资源环境承载能力，存在河道断流、湿地萎缩、地下水超采、海水入侵等水生态问题。部分农村河道老化退化，生态环境恶化。黄河三角洲自然保护区内补水不足，湿地退化，海水入侵。黄河水含沙量降低，但引黄灌区渠首沙化问题尚未得到解决。大汶河生态流量不足，部分河道老化退化，生态环境恶化。沿黄25县地下水超采区范围广，深层超采区涉及东明县、牡丹区、鄄城县、郓城县等13个县（市、区），超采区面积13132平方千米，占沿黄25县（市、区）总面积的46%。

（六）监管基础较为薄弱，管理体制机制仍需完善

蓄水、供水、用水、排水等环节分散管理，难以形成促进水资源开发利用、优化配置和节约保护的强大合力。水资源对转变经济发展方式的倒逼机制尚未真正形成，产业布局、园区开发、城市建设等尚未充分考虑到水资源、水环境的承载能力，以水定城、以水定人、以水定产、以水定发展尚未落到实处。依法保护、促进节

约、规范运作的水权水市场制度尚未建立，市场在水资源配置中的作用尚难以充分发挥。

二 推进水资源保护和高效利用的路径

（一）完善水资源配置利用体系

第一，加强骨干水网建设。一是协调推进黄河干流沿线引黄涵闸的升级改造，恢复提升引黄能力，保证黄河两岸引黄供水基本需求；二是整治引黄灌区骨干工程，按照灌区标准化、现代化建设要求，对引黄灌区的输水总干渠、干渠等骨干输水渠道进行防渗加固，提高输水效率；对引黄灌区内灌排两用沟渠进行疏浚和建筑物配套，满足输水配水、生态补源要求；三是根据国家统一部署，开展南水北调东线二期干支线及配套工程前期工作，适时启动建设。通过以上工程建设搭建沿黄地区水资源配置利用骨干水网骨架。

第二，优化局域水网布局。一是推进实施一批县（市、区）区域内河与河、河与库、库与库水系连通工程，通过河渠疏通、管道建设、泵站、水闸等建筑物配套，打通水系脉络，实现水系之间互通互补，进一步提升水利工程防洪除涝标准，提高防御水旱灾害能力；二是优化城乡供水布局，建设城乡供水水厂、管网，对供水系统进行改造提升；以集中水源建设、管网改造、水质处理升级改造为重点，加快实施农村饮水安全提标升级等。在骨干水网基础上，优化完善局域水网体系，打通局域堵点，畅通水网体系毛细脉络，构建起从水源到用户、干支连通、四通八达的水网格局。

第三，推进节点拦蓄工程建设。一是推进鄄城董口水库、郓城杨庄集水库、梁山西北平原水库、惠民利民水库等水库工程建设，对平阴东阿水库、邹平黛溪湖水库、章丘垛庄等水库进行增容，发挥水库调蓄径流、蓄丰补枯的作用；二是推进鄄城临濮沙河、徐河等拦河闸坝项目，梯级拦蓄雨洪、灌溉尾水，改善两岸供水条件，促进河流生态修复；三是推进实施一批塘坝、坑塘等小型水源建设工程，发挥面上小型水源工程雨洪集蓄作用。

第四，扩大非常规水源利用。一是加大再生水利用力度。优化再生水处理工艺，完善再生水利用设施及配套管网，制定再生水利用优惠政策，加强城镇再生水回用。生态景观、工业生产、道路清扫、车辆冲洗和建筑施工等优先使用再生水。工业园区应当规划建设集中式污水处理和再生水利用系统；二是扩大海水利用规模。实施海水淡化与综合利用，沿海地区电力、化工、石化等行业和工业园区，推行直接利用海水作为循环冷却等工业用水；三是探索推进微咸水灌溉、工业利用等，不断扩大非常规水源的利用，减少常规水源取用，弥补水资源供需缺口。

（二）推进水资源节约集约利用

第一，实行总量强度双控。一是强化节水约束管理。健全行政区域规划期及年度用水总量、用水强度控制指标体系，强制推动非常规水纳入水资源统配置，建立水资源安全风险评估和监测预警机制。强化水资源承载能力在区域发展、产业布局等方面的刚性约束；二是完善节水指标体系。加快省级农业、工业、城镇以及非常规水利用等各方面节水标准制修订工作，不断完善节水标准体系；三是加强用水过程管理。健全规划和建设项目水资源论证制度，严格开展节水评价，合理确定经济布局、产业结构和发展规模。建立用水统计监测制度，加强用水计量器具管理；四是强化节水监管。引导重点用水单位定期开展水平衡测试和用水效率评估，探索建立水务经理制度。建立倒逼机制，将用水户违规记录纳入信用信息共享平台。

第二，促进农业节水增产。一是扩大节水灌溉规模。以引黄灌区节水工程为重点，加快实施灌区节水工程建设，完善灌区用水计量设施，提高运行管理水平。加快高标准农田建设，引导各地加大田间节水工程建设，积极推广水肥一体化、覆盖保墒等先进适用技术，实现增产增效不增水；二是发展节水种植养殖。引导农民因地因水选择种植作物，鼓励发展旱作农业。加快规模养殖场节水改造和建设，大力推广节水型畜禽、渔业养殖方式及循环化节水养殖技术；三是推进农村生活节水。加快农村集中供水、污水处理、饮水安全等工程和配套管网建设改造，整村推进"厕所革命"，积极推广节水器具，推动计量收费。

第三，提升工业节水效能。一是严格高耗水行业节水管理。加强电力、钢铁、纺织、造纸、石化和化工、食品和发酵等高耗水行业用水管理，加快企业节水技术改造，淘汰落后工艺和设备。新建、改建、扩建高耗水企业，必须符合《山东省主体功能区规划》，逐步向工业园区集中；二是积极推行科学合理用水模式。企业和园区用水系统要统筹供排水、污水处理及回用，推进串联用水、分质用水、一水多用，实现循环梯级利用。

第四，推进城镇节水增效。一是推进城市公共领域节水，全面推进海绵城市建设，推动降雨就地消纳和利用。园林绿化应选用节水耐旱型植被，采用节水灌溉方式。大力推广绿色建筑，公共区域和城镇居民家庭应推广普及节水型用水器具，新建、改建、扩建工程必须安装节水型器具，严禁使用国家明令淘汰的用水器具；二是加快城镇供水管网改造。加强城镇供水管网检漏和更新改造，推进供水管网分区计量管理；三是加强高耗水服务业用水管理。严格高耗水行业用水定额管理，洗浴、洗车、游泳馆、高尔夫球场、人工滑雪场、洗涤、宾馆等行业积极推广低耗水、循环用水等节水技术、设备和工艺；四是积极开展节水示范建设。开展县域节水型社会和节水型城市、企业、校园等各类节水载体建设，在用水产品、用水企业、灌区和公共机构中积极培育水效领跑者。

第五，加强节水科技引领。一是加快节水技术和设备研发。重点支持水资源高效循环利用、用水精准计量、非常规水利用、高耗水行业节水工艺、智慧型高效节水产品、海水淡化等先进技术及设备研发，构建节水装备及产品的多元化供给体系；二是促进节水科技成果转化。加大节水领域自主技术和装备的推广应用，推动节水产品、节水技术成果市场化。对标国内外节水先进水平，推进节水项目合作与交流。

第六，激发节水内生动力。加大公共财政对节水工作的投入，实行节水奖励补贴制度，落实国家节能节水税收优惠政策，鼓励金融机构对符合贷款条件的节水项目优先给予支持，积极引导社会资本参与节水项目建设和运营。探索将节水型单位创建结果与创建文明城市、文明单位等挂钩。大力开展节水宣传教育，将节水知识纳入国民素质教育和中小学课程体系，建立完善省、市、县三级节水教育基地，在全社会大力发展节水志愿者，广泛开展节水宣传教育进机关、进学校、进党校、进企业、进乡村、进社区活动，进一步增强全社会节水意识。

(三) 加强水资源保护

第一，维护河流生态健康。一是试点开展大汶河等重要河湖健康评估，从河岸带植被覆盖状况、水资源开发利用率、生态流量（水量、水位）保障程度等方面对重点河湖进行健康体检；二是加强河湖生态调度。把确定河湖生态流量（水量、水位）作为水资源保护的基础性工作，结合河湖实际，完善生态流量确定技术标准体系，分区分类分时段合理确定生态流量（水量、水位），开展分流域分区生活、生产、生态用水统筹调度试点，合理退减被挤占的河湖生态用水；三是推进河湖休养生息。加强河湖水利联系，合理限制人类活动对河湖水域空间的扰动，提高水体循环和自净能力。

第二，加快地下水超采综合治理。认真贯彻落实地下水限采区和禁采区划定方案、地下水超采区综合整治实施方案，按照"总量控制、节水优先、统筹调配、系统治理"的原则，持续推进东明县、牡丹区鄄城县、郓城县、阳谷县、东阿县等深层地下水超采区综合治理，充分发挥地下水年际调蓄能力强的特点，将其作为应对特枯及连枯年份的重要水源。落实地下水水位水量双控制度，严格地下水取水审批，限期封闭超采区地下水取水工程，科学开发地热水，逐步核减地下水开采量和年度用水计划。统筹利用控采限量、节水压减、水源置换、修复补源等措施，加大地下水超采区综合治理力度，严控地下水超采。到 2020 年年底，将浅层地下水超采量全部压减，深层承压水超采量压减 50%，沿黄各地浅层超采区面积明显减小；到2025年，将深层承压水超采量全部压减，浅层地下水超采区基本消除，部分深层承压水超采区水位有所回升，地下水生态得到明显改善，基本实现沿黄地区地下水采补平衡。

第三，加强水系生态保护与修复。一是推进黄河三角洲水生态修复，通过清淤疏浚、生态护岸、水系连通、生态补水等综合措施，加强刁口河流路整治，恢复刁口河流路，对三角洲中小河流进行生态整治；二是对郭口、马扎子、刘春家、豆腐窝等灌区沉沙池进行升级改造及修复，提升沉沙池功能，改善沉沙池生态；三是实施牡丹区、梁山县、齐河县滨城区、惠民县、博兴县等地风沙片区水土保持治理和其他流域水土保持治理项目，加大生态清洁小流域综合治理工程建设，山水林田湖草综合治理，保持水土、涵养水源；四是推进大汶河、鄄城箕山河等河流生态治理，打造沿黄地区绿色水系生态带；五是开展水系连通及农村水系综合整治，改善农村人居环境和河流生态健康状况，助力乡村振兴、美丽乡村建设。

第四，推进饮用水水源地保护建设。加强水功能区监督管理，强化入河湖排污总量管理，优化调整沿河湖排污口、取水口布局，对问题突出、威胁饮水安全或水质严重超标区的排污口实施综合整治，落实饮用水水源地核准和安全评估制度。全面开展重要饮用水水源地安全达标建设，实施水源地安全警示、隔离防护、水源涵养和修复措施。科学划定饮用水水源保护区，依法清理保护区内违法建筑、排污口和各类养殖户。加强集中式地下水饮用水源地保护，强化饮用水水源应急管理，完善突发水污染事件应急预案，提高突发水污染事件应急处置能力。

（四）建设智慧利用体系

第一，推进感知网建设。构建天空地一体化水资源感知网。围绕水资源开发利用、城乡供水、节水、水工程安全运行、水工程建设等业务和水利监督工作，利用传感、定位、视频、遥感等技术，逐步实现感知范围全域覆盖。重点实施南水北调山东干线工程、引黄灌区等供用系统骨干水网，大汶河等主要河道，城乡集中饮用水源地的感知网建设。构架省级水资源配置利用感知数据汇聚平台，提升感知智能水平。

第二，推进信息网建设。立足水利行业的现有成果，扩充水利业务网络覆盖面和带宽，构建覆盖各级水行政主管部门、各类水资源配置利用工程管理单位、相关涉水单位全面互联互通的水资源配置利用网络大平台，改造省级网络核心设备，全面支持 IPv6，增强资源调配能力，基本建成适应智慧水资源配置利用业务动态变化的泛在互联的智能水利信息网。

第三，推进大数据中心建设。积极推进水利数据中心和云平台建设，融合河湖水文、河湖及地下取用水、水资源配置、水资源调度、水资源保护等水量、水质数据，以及相关工程状态、运行数据，形成统一存储、及时更新、安全可靠的水资源配置利用数据资源池，支撑水资源配置利用的智慧应用。

第四，加强智能应用。围绕水资源配置工程运行管理、工程运维、项目建设管理等重点工作，基于水情和视频集成提升工程运行监控能力，通过智能巡检系统支撑工程管理标准化和智能化，加强水利工程安全运行监控；打破数据壁垒，逐步实现工程建设全生命周期的数字化管理。由省级政务云平台提供云服务，推进政务信息系统迁移上云，融入省市、沿黄县（市、区）各级、各部门政务信息资源的全省一体化大数据中心体系，实现跨层级、跨地域、跨系统、跨部门、跨业务共享应用，强化水资源配置利用相关行政执法信息能力建设。

（五）完善水资源管理体制机制

第一，深化水资源调配机制。探索水资源高效管理机制，增强水资源利用效能。制定跨区域调水工程调度运行管理条例，依法规范、保护跨区域调水工程良性运行。厘清黄河主管部门行业监管和地方属地管理责任，健全完善上下联动、条块结合的管理机制，建立省级水资源调配资金、统一存蓄、调配节余水权内水量，充分发挥水网调配功能。

第二，积极探索推进水价改革。建立健全反映市场供求、资源稀缺程度、生态环境损害成本和修复效益的水价形成机制，倒逼节约用水和水生态保护，促进水资源优化配置和跨流域调水工程长效管护。一是推进农业水价综合改革。全面落实《山东省农业水价综合改革实施方案》，在完善农业节水工程体系、落实农田工程管护主体、创新农业用水管理方式的基础上，逐步建立反映水利工程运行维护成本的农业供水水价，通过水权确认、节奖超罚、财政补贴等措施，促进农业节水、减排、增产、增效，力争到2025年建立起合理反映农业供水成本、有利于节水和农田水利工程良性运行的农业水价形成机制。二是加快区域综合水价改革。建立统一水价制度，在科学分析供用水量的基础上，分地区、分行业制定统一水价。省级层面重点实施省级跨流域调水工程区域综合水价改革，对长江水、黄河水等外调水科学确定供水价格。到2025年基本完成沿黄市县两级区域综合水价改革。三是全面实行城镇居民用水阶梯价格制度、非居民用水超计划定额累进加价制度，并适时提高水价阶梯标准。

第三，积极探索推进水权制度建设。依法开展水资源使用权确权登记，形成归属清晰、权责明确的水资源资产产权制度。培育和规范水权交易市场，积极探索水权交易流转方式，允许通过水权交易满足新增合理用水需求，充分发挥市场在水资源开发、利用、配置、节约、保护中的作用，使水权水市场成为解决水问题、化解水矛盾、实现可持续利用的内生动力。社会资本投资建设水利工程的，可以优先获得新增水资源使用权，在保障农业用水和农民利益的前提下，建立健全工农业用水水权转换机制。现阶段可重点搭建水权交易省级管理服务平台，加快推进水权水市场制度建设试点，积极探索可交易水权范围和类型、交易主体和期限、交易价格形成机制、交易平台运作规则。

第四，积极探索推进流域水生态补偿机制建设。推动建立水生态环境保护建设区域协作机制和流域上下游不同区域以及水源保护地生态补偿协商机制，探索水生态补偿机制实现方式及协商机制。征收水土保持补偿费，建立健全水土保持、建设项目占用水利设施和水域等补偿制度，建立对饮用水水源保护区及河、湖、库上游地区的补偿机制。

第三节　绿洲战略：着力保护好黄河三角洲

在2019年9月18日黄河流域生态保护和高质量发展座谈会上，习近平总书记指出，"下游的黄河三角洲是我国暖温带最完整的湿地生态系统，要做好保护工作，促进河流生态系统健康，提高生物多样性"。

一　黄河三角洲基本概况

黄河三角洲是中国三大河口三角洲之一，黄河自1855年在河南兰考东坝头决口，夺大清河河道在东营注入渤海并沿袭至今，经过百年来的沧海变化，黄河携带的大量泥沙在入海口处淤积，形成了巨大的冲积平原，孕育了独特的河口三角洲生态系统。特殊的地理区位、优越的生态环境，使黄河三角洲成为东北亚内陆和环西太平洋鸟类迁徙的重要驿站，在维持渤海湾和黄河下游流域生态平衡、保持生物多样性方面具有重要战略地位。2020年10月，党中央、国务院制定印发的黄河流域生态保护和高质量发展规划纲要也明确提出要保护修复黄河三角洲湿地，建设黄河下游绿色生态走廊，促进生态保护与人口经济协调发展。

（一）黄河三角洲生态保护和高质量发展的基础条件

第一，区域生态功能突出。黄河三角洲是我国暖温带保存最完整、最年轻的湿地生态系统，被列入《国际重要湿地名录》，肩负保护河口新生湿地生态系统和珍稀濒危鸟类的双重职责。区内共有种子植物393种，是中国沿海最大的新生湿地自然植被区。30种鸟类聚集于此，其中国家二级以上保护鸟类63种，在世界8条鸟类主要迁徙通道中，黄河三角洲横跨2条，是东北亚内陆环西太平洋地区鸟类迁徙的重要中转站、栖息地和繁殖地，被为"中国东方白鹳之乡""中国黑嘴鸥之乡"。

第二，经济发展基础良好。黄河三角洲地处渤海湾盆地，石油、天然气、地热等矿产资源丰富，是我国重要的能源富集区，我国第二大石油工业基地——胜利油田坐落于此。东营市拥有413千米海岸线、300多万亩未利用地，是典型的石油资源型城市和现代工业城市。2019年，全市实现地区生产总值2916亿元，拥有常住人口217.97万人，常住人口城镇化率接近70%。人均地区生产总值超过1.9万美元，长期位于全国前列。拥有东营经济技术开发区、黄河三角洲农业高新技术产业示范区、东营综合保税区3个国家级开发区和7个省级经济开发区。

第三，主导产业特色鲜明。石化、橡胶、有色金属、石油装备等主导产业发展良好，是全国炼油能力最大的地级市和全国重要的橡胶轮胎生产基地、石油装备制造基地，是鲁北高端石化产业基地的核心区。农业发展基础良好，拥有万亩以上引黄灌区17个，渔业资源丰富，海洋牧场建设取得明显成效。拥有稀土催化研究院、采油装备工程技术研究中心等国家级创新平台，创新能力指数在全国地级市中名列第23位。拥有利华益集团、国瓷材料、科瑞集团等一批行业龙头企业，2020年，有8家企业入围中国企业500强，14家企业入围中国民营企业500强。广饶县列中国工业百强县（市）第35位。

第四，立体交通初具雏形。地处京津冀与环渤海经济区交汇地带，是连接中原经济区和东北经济区的节点。境内拥有3座黄河大桥，初步形成了集航运、铁路、公路、航空于一体的立体化交通网络。东营港是国家一类开放口岸，现已发展成为环渤海地区重要的油品和液体化工品特色港口。通过德大铁路、黄大铁路、淄东铁路等与全国铁路网相连，具有海铁联运的良好条件。东营胜利机场是4D级国内支线机场和国家重要的民机试飞基地，通航城市达到

15个。

第五，文化旅游资源丰富。拥有"河海交汇、新生湿地、野生鸟类"三大世界级资源，形成了以黄河入海和湿地生态为主体的自然景观，是山东省十大文化旅游目的地品牌之一。源远流长的黄河文化、博大精深的海洋文化、艰苦创业的石油文化、薪火永传的革命文化、自然独特的生态文化、兵家始祖的孙子文化、民间特色吕剧文化，在这里交相辉映、熠熠生辉。东营市湿地总面积达22万公顷，入选全球首批"国际湿地城市"。黄河口（东营）国际马拉松赛连续七年被评为中国马拉松"金牌赛事"。

（二）黄河三角洲生态保护和高质量发展存在的问题

一是生态环境敏感脆弱。受自然和人为因素影响，黄河三角洲湿地面临着天然湿地面积缩减、生物多样性降低、生态系统服务功能下降等问题，保护形势依然严峻。近10年黄河年均入海水量、年均来沙量显著衰减，导致河口地区不断受到海水侵蚀，除现行流路尚有淤积延伸外，整个三角洲地区沿海滩涂全面侵蚀，对保护物种环境造成重大威胁。海水倒灌和区域水系不贯通，导致陆域生态系统出现逆向演替，难以实现湿地系统的良性维持。互花米草等外来物种入侵不断挤占原生物种生存空间。

二是水资源供需问题突出。黄河三角洲属半湿润半干旱气候，受自然条件限制，地表水、地下水资源匮乏，黄河水是主要的淡水客水资源。全市人均占有当地水资源量仅为296立方米，低于全省平均水平，不足全国平均水平的1/6。同时，节约集约用水观念不足，不合理的用水现象依然突出。随着黄河三角洲地区用水以及经济社会发展的需要，水资源供应矛盾日益尖锐，多水源优化与空间均衡配置体系急需建立。

三是产业转型任务繁重。新旧动能转换初见成效，传统动能主体地位尚未根本改变。高校院所、高层次创新平台、新型研发机构等创新资源相对缺乏，区域创新体系有待完善。在区域经济分化、核心城市加速崛起背景下，人才、科技等要素引进难度加大，转型升级任务更加艰巨。

四是文化旅游资源整合不足。对黄河文化、海洋文化、石油文化、生态文化等优秀文化重视程度不够，创造性转化、创新性发展不足，保护传承弘扬体系有待完善。旅游资源整合缓慢，项目布局分散，基础配套不完善。与黄河流域沿线地区的旅游合作和互动不够，不利于共建"中华母亲河"文化旅游品牌。

二 黄河三角洲保护与建设的重大意义

（一）有利于保障黄河三角洲岁岁安澜

黄河是世界上含沙量最高的河流，淤积、延伸、摆动、改道是黄河河口的自然演变规律，虽然面临来沙量衰减趋势，但目前每年仍有近两亿吨泥沙在入海口附近沉积，黄河洪涝灾害、黄河三角洲地区风暴潮灾害时有发生，对黄河三角洲防洪减灾产生不利影响。通过统筹推进实施一批防洪重大工程，完善黄河三角洲沿海防潮体系，提升防洪减灾应急响应能力，可以有效减轻黄河三角洲防洪防潮安保的风险点，根治洪、涝、潮灾害，解决黄河下游河道稳定和行洪安全等问题，将有利于确保黄河三角洲实现长治久安。

（二）有利于维护黄河下游流域和渤海湾生态安全

黄河三角洲是我国暖温带最完整的湿地生态系统，在调节区域生态环境、气候控制土壤侵蚀、降解污染物、沉积泥沙等方面发挥重要作用，对于维护区域生态安全具有重大意义。通过实施黄河三角洲生态修复和生物多样性保护工程，建立黄河口国家公园，推进海陆统筹、河海兼顾、一体化治理，有利于践行习近平生态文明思想，保障黄河下游和渤海湾生态系统健康完整。

（三）有利于探索完善资源型城市高质量发展新模式

东营是以石油石化为特色的资源型城市，是我国重要的能源基地和山东省高端化工产业基地。通过实施东营黄河三角洲生态保护和高质量发展战略，形成以绿色和创新为主要支撑的经济体系和发展模式建设国家绿色循环石化基地，推动产业转型升级，促进文旅融合发展，有利于东营探索资源型城市高质量发展新模式，为经济社会发展迈上新台阶提供强大支撑。

（四）有利于弘扬黄河入海文化的时代价值

东营既具有独一无二的"河海交汇、新生湿地、野生鸟类"自然景观，也孕育了孙子文化、红色文化、石油文化等黄河文化积淀。通过挖掘黄河三角洲独特的文化旅游资源，推进黄河文化的创造性转化、创新性发展，打响"黄河入海、我们回家"文化旅游品牌，将有利于讲好黄河故事，坚定文化自信，挖掘和弘扬华夏文化、黄河文化蕴含的时代价值。

（五）有利于形成沿黄沿海全面深化开放合作的新格局

东营是黄河流域便捷的出海口之一，是衔接环渤海地区与黄河流域的重要枢纽，有与京津冀相连的区位优势。通过融入国家开放大局，深度参与共建"一带一路"，建设黄河流域对外开放门户城市，发挥沿黄沿海枢纽作用，突出比较优势和产业特色，加强与黄河流域不同地区的分工合作，推进环渤海区域合作，将有利于进一步提升黄河流域对外开放的层次和水平，构建沿黄沿海区域协调发展新格局。

三　黄河三角洲保护修复的具体路径

坚持生态优先，突出陆海统筹、河海共治，实施黄河三角洲湿地生态保护系统修复工程，加快完善生态环境分区管控体系，建设黄河口国家公园，全面提升黄河三角洲自然生态系统稳定性和生态服务功能，打造我国暖温带最完整的湿地生态系统保护典范。

（一）建立以黄河口国家公园为主体的自然保护地体系

一是建设陆海统筹型国家公园。突出陆海统筹特色，对黄河三角洲自然保护区与相邻的国家级海洋特别保护区等自然保护地进行整合优化，科学划定黄河口国家公园规划范围，合理确定功能分区。科学编制《黄河口国家公园总体规划》及各专项规划，论证实施国家公园建设重点工程项目，推进整体保护、系统修复、综合治理，有效保护黄河口新生湿地自然生态系统的原真性、完整性。整合组建统一管理机构，理顺体制机制，构建统一规范高效的保护治理格局，逐步构建以黄河口国家公园为主体的自然保护地体系，打造深化国家公园体制改革的东营样板。

二是加强生态保护。突出核心物种保护，强化日常管理，提升标准、明确定位，打造中国东方白鹳和黑嘴鸥保护示范基地、中国鹊类之乡、全国最大的河口优质贝类原种场。实施智慧保护区建设，设立雷达监测站，完善视频监控系统，实现全域自动化监测管理。全面加强海域管理，严格海域执法，依法惩处破坏生态行为。深化与大院大所的合作，筹建黄河口生态研究院、黄河三角洲生态与自然保护专家工作站，开展科技攻关，加快成果转化，为黄河口生态保护提供科技支撑。

三是加强生物多样性保护。实施珍稀濒危鸟类栖息地保护，采用适当的生物、生态及工程技术，改善优化鸟类栖息地，丰富鸟类生境，提高鸟类种类和种群数量。实施原生贝类保护恢复，探索建立生态利用模式，实现贝类资源恢复性增长和有序采捕。建设鱼虾蟹综合保育区，重点保护中国对虾、刀鲚、三疣梭子蟹等海洋物种，促进鱼虾蟹繁衍生息。建设特色植被保育区，建立野大豆、天然柳林保护基地，划定陆海全梯度植物封育区，有效保护和恢复淡水沼泽及盐沼的自然植物群落，提升原生植物的丰富度。实施生物多样性保护工程，系统开展生物多样性本底调查。建立完善黄河三角洲生物多样性监测网络，对水、气、土、生等方面进行全面监测研究，提升生物多样性监测能力。推进黄河三角洲重要鸟类栖息地申报世界自然遗产。

（二）加强黄河三角洲湿地生态保护修复

一是强化黄河口湿地修复力度。实施黄河三角洲湿地生态保护修复工程，统筹河流湿地和滨海滩涂湿地，构建陆域、潮间带、浅海湿地一体的黄河入海口生态保护修复大格局。开展湿地生态保护修复技术研究，采用生态补水、河湖水系连通、植被恢复等综合手段，恢复提升湿地生态系统整体功能。优先修复生态功能严重退化的湿地区域。

二是推进清水沟、刁口河双流路入海。对刁口河河道进行综合治理，提高流路过水能力。以湿地用水、近海生态系统淡水资源补充为约束，开展河道整治工程，稳定清水沟流路，构建"清水沟、刁口河"双流路入海格局。积极开展生态补水及自然保护区内相机补水，探索淡水、微咸水、海水、再生水相结合的生态补水修复模式，保障黄河河道和河口湿地生态流量，促进河流生态系统和退地生态系统健康。

三是推进全城湿地保护修复。以河道、湖泊、中小型水库和星罗棋布的坑塘等为重点，开展市域内湿地保护修复，对集中连片、破碎化严重、功能退化的自然湿地进行修复和综合整治。通过建立湿地公园、饮用水水源保护区、湿地保护小区等一系列保护形式，对现有湿地进行多方位、立体化保护，完善湿地保护体系。推动河流、湿地水系连通，建设城区、沿黄、小清河流域三张生态网。到2025年，湿地保护体系基本完善，湿地退化趋势有效遏制。

（三）开展以沿黄沿海生态防护带为主体的国土绿化

一是打造沿黄生态廊道。结合黄河下游防洪工程建设，以黄河大提、南晨大提为轴线，建设黄河下游绿色生态廊道。平整破损土地，开展背河土地沙化、盐碱化治理以及植被恢复。串联龙居生态林场、东津省级湿地公园、天宁寺生态林场、天宁湖国家湿地公园、垦利沿黄湿地公园等大型生态斑块，在黄河两岸形成岸绿、景美、宜居、宜游的生态长廊。统筹黄河滩区展区生态空间和农业空间，构建黄河滩区生态涵养带和黄河展区耕地、林草、水系、绿带多位一体的生态治理示范带。

二是打造滨海湿地资源保护带。以沿海基干林带为重点，综合采用"造、改、封、育"等措施，全面推进沿海防护林体系，建设打造黄河三角洲沿海绿色安全屏障。以河口区北部、孤东、垦东等沿海地区和重要生态功能区为重点，按照因地制宜、适地适树原则，加快宜林荒地、荒滩植树绿化。坚持封、管、造结合，以柽柳封育、柽柳造林为重点，对东部、北部重盐碱地区实施封滩育林，加快绿化进程。加大生态修复力度，推进渤海湾、莱州湾海岸带综合整治。

三是推进城乡国土绿化。科学核定林草生产力和区域承载力，宜乔则乔、宜灌则灌、宜草则草，实施国土绿化行动，全面提高黄河三角洲国土绿化水平。以本地优良乡土树种为主体，加强对未成林地、疏林地补植造林，适度营造规模化生态林基地和乡村林场。持续推进环城、环镇生态林带建设，以及道路、河道、干渠沿线绿化。以南部、西部等农田集中分布区为重点，加强农田防护林建设。结合村庄社区总体规划，搞好农村道路、河渠、房前屋后、驻地周围及闲置土地绿化，连片发展，建设绿色美丽新农村。开展盐碱地绿化与生态修复研究，推广耐盐碱优良绿化植物，探索合理栽植技术，完善抚育措施，促进盐碱地生态修复。

第四节　绿岸战略：推进沿黄两岸农业高质量发展

农业是山东沿黄流域最基础的产业，是建设沿黄绿色两岸的基础，也是打造黄河下游绿色生态廊道的重要载体。依托黄河流域农业优势，推进沿黄两岸农业高质量发展，是统筹打造乡村振兴齐鲁样板与落实黄河国家战略这两大任务的交叉集成。

一　山东沿黄地区农业发展现状

（一）山东沿黄地区农业生产概况

山东省沿黄地区共有村庄1.16万个，农村人口1066万人，耕地2029万亩，引黄灌溉面积1508万亩。该区域是山东省重要农产品主产区，种植业基本形成了中西部平原优质粮食产区、沿黄盐碱地优质棉花产区、鲁中南优质花生产区、鲁北优质蔬菜产区等优势产业发展带。粮食作物以小麦、玉米、大豆为主，油料作物以花生为主，蔬菜以黄瓜、西红柿、芹菜、菠菜等为主，水果以梨桃等为主、畜禽养殖以生猪、肉牛、肉羊、肉鸡、肉鸭、蛋鸡为主；水产品以四大家鱼、对虾、大闸蟹等为主。2019年沿黄25个县（市、区）粮食产量占全省的24.1%，蔬菜及食用菌产量占全省的16.1%，油料产量占全省的7.4%，棉花产量占全省的19.7%，肉类产量占全省的21.7%，禽蛋产量占全省的18.7%，奶类产量占全省的24.1%。2019年农林牧渔业总产值1457亿元、农林牧渔业增加值824.6亿元，分别占全省的15%、15.1%。

（二）推进农业发展措施及成效

1. 稳定粮食和重要农产品有效供给。一是稳定粮食产能。强化粮食安全责任考核，逐级压实"粮袋子"安全生产责任，2019年25个县（市、区）粮食播种面积、总产量分别达到3064.6万亩、1291万吨，分别占全省的24.6%和24.1%，产量10亿斤以上的县（市、区）有13个，其中，郓城县、齐河县、东明县达到20亿斤以上。二是加强农田基础设施建设。围绕田、土、水、路、林、电、技、管8个方面，累计建设高标准农田966万亩；划定小麦、玉米、水稻生产功能区1220万亩、棉花生产保护区117.4万亩。三是强化农业科技支撑。深入实施农业科技展翅行动，选育推广济麦系列、山农系列等一批粮食作物新品种，农作物良种覆盖率达到95%以上，畜禽良种覆盖率达到90%以上；共有农机25.7万台，总动力达到1817亿千瓦，农作物耕种收综合机械化率达到91.5%，高于全省平均水平。四是调整优化农业结构。开展耕地轮作休耕试点，积极探索建立玉米大豆宽幅间作生态型复合种植模式，2019年实施耕地轮作休耕面积32万亩，占全省的64%。深化农业供给侧结构性改革，着力优化种养结构和产品结构，重点发展了蔬菜、棉花、畜牧、水产等产业，蔬菜种植面积374万亩、产量1283万吨，其中：设施蔬菜种植面积178.9万亩、产量754.5万吨，11个县（市、区）被确定为全国蔬菜生产重点县；水果种植面积113万亩、产量274万吨；棉花种植面积5.9万亩、产量3.87万吨；建设大型畜禽规模养殖场2313个，生猪出栏量672万头、牛出栏量72万头、羊出栏量650万只，肉类产量152.8万吨、奶类产量56.5万吨、禽蛋产量84.4万吨；水产养殖面积156万亩，水产品总产量59.5万吨，其中淡水养殖产量36.2万吨、海水养殖产量18.5万吨。

2. 培育特色农业产业。一是开展特色农产品优势区创建。各地立足沿黄地区资源禀赋、产业基础、区位优势、市场条件，大力培育具有竞争力的主导产业和特色产品，累计获批认定国家级"一村一品"村镇30个，省级"一村一品"村镇61个，占全省19.7%，东阿黑毛驴、章丘大葱先后入选中国特色农产品优势区，平阴玫瑰、高青黑牛、垦利黄河口大闸蟹入选省级特色农产品优势区。二是打造农产品知名品牌。各地聚力打造"齐鲁灵秀地、品牌农产品"省级农产品整体品牌形象，累计获得"三品一标"认证1988个，东平大羊薄皮核桃、东阿黑毛驴等9个品牌入选省知名农产品区域公用品牌，80个企业品牌入选省知名农产品企业产品品牌，章丘大葱、平阴玫瑰、菏泽牡丹、黄河口大闸蟹等特色品牌享誉全国。三是保障农产品质量安全。各地坚持农业提质导向，狠抓农产品质量安全，加强"从农田到餐桌"全过程监管，创建国家级农产品质量安全县3个、省级18个，建设省级农业标准化生产基地207个，章丘区先后编制完成章丘大葱、龙山小米等14个省、市级地方标准化生产规程，在农业生产标准化方面走在全省前列。

3. 推进农业绿色发展。一是强化农业投入品管理。深入实施农业投入品减量增效行动，全面推广测土配方施肥技术，强化农药、化肥、兽药等投入品使用管理，连续多年实现化肥农药使用量负增长，主要农作物统防统治覆盖率达到40%以上。东明县、鄄城县等8个县区整县制开展粮食绿色高质高效创建，每县区获批财政补助资金400万元。齐河县获批创建国家农业绿色发展先行区，纳入全国农业绿色发展先行先试支撑体系建设试点。二是加强农业废弃物资源化利用。持续推进秸秆综合利用，加强粪污收集、贮存、处理、利用设施建设和无害化处理设备研发、利用、推广，农作物秸秆综合利用率达到90%以上，畜禽粪污综合利用率达到80%以上。

梁山县形成了"工农业自然循环、工农商大循环、一二三产业深度融合"的区域循环经济绿色发展模式，秸秆综合利用率和畜禽粪污综合利用率分别达到96.5%和95.77%，为全省发展循环农业提供了经验。三是发展高效节水农业。加快农田水利工程建设，推进末级渠系及田间工程改造，推广水肥一体化技术，农田节水灌溉面积达到829万亩，水肥一体化面积达到136万亩。

4. 推进农村一二三产业融合发展。一是搭建产业发展平台。各地把平台打造作为辐射带动乡村产业发展的重要方式，先后获批创建国家现代农业产业园2家、省级现代农业产业园11家、国家级农业产业强镇9个、省级以上田园综合体9个。二是发展农产品加工业。各地以粮食、油料、蔬菜和中药材等为重点，发展农产品加工，创建省级农产品加工示范县5个、示范园区4个，规模以上农产品加工企业达到946家，营业收入1782亿元。滨州市滨城区、博兴县、邹平市大力发展粮油、畜牧等农产品加工，2019年规模以上农产品加工企业营业收入分别达到122亿元、277亿元、415亿元，在全省占有重要位置。三是打造农村新产业新业态。充分发挥沿黄的自然条件优势，推动农业与旅游、文化、电商等产业功能互补和深度融合，获批省休闲农业和乡村旅游示范县7个、美丽休闲乡村16个，郓城县、惠民县、博兴县先后入选全国电子商务进农村综合示范县，博兴县共建成淘宝镇村30个、各类农村电商服务站360多个，全县实现电商交易额23亿元。四是培育多元化经营主体。沿黄各地培育家庭农场8013个、农民专业合作社32974个、农业产业化龙头企业1429个，认定家庭农场示范场619个、农民合作社示范社1579个、省级以上重点龙头企业149个。滨城区中裕食品以"龙头企业+专业合作社+农户"模式，与农户建立密切利益联结机制，年带动20万农户增收3.84亿元。

5. 推进农村改革发展。一是推进农村集体产权制度改革。推动涉农村（组）建立集体经济组织，98.95%的村（组）成立了新的集体经济组织并完成登记赋码，基本完成改革任务。天桥区等7个县区被确定为农村集体产权制度改革省级试点单位，长清区等5个县区入选首批省级农村改革试验区。惠民县1282个农村集体产权制度改革任务村全部完成组织机构设立、资产股权量化等工作。二是深化农村土地制度改革。进一步加强土地流转管理和服务，推动农村土地经营权有序流转，沿黄各地家庭承包耕地流转面积达到725万亩，占25个县（市、区）耕地面积的42%。邹平市抓住农村"三权分置"改革契机，累计流转土地55.44万亩，土地适度规模经营化率达到适宜土地流转面积的70.87%。三是提升乡村治理水平。统筹农村人居环境整治和美丽乡村示范村建设，深入实施农村人居环境三年整治行动，生活污水治理工作稳步推进，农村改厕数量210万户，生活垃圾无害化处理的行政村比例达到97%以上，创建省级以上美丽乡村示范村125个。东营区在省市奖补资金基础上，采取县镇补足资金方式推进"厕所革命"，农村无害化卫生厕实现行政村全覆盖。各地积极开展村级集体经济发展三年行动计划，聚力消除"空壳村"，鼓励村党组织领办合作社，增加村级集体经济收入，成效明显，村级集体经济收入5万元以上的占到70.6%。垦利区小张村党支部成立小麦种植专业合作社，实现了集体经济由弱到强的蜕变，2019年村集体经济收入达到23.2万元。

二　山东沿黄地区农业发展面临的问题

（一）农业环境资源问题日益凸显

多年来，沿黄地区耕地一年两作，常年得不到休养生息，耕地地力透支较重，化肥、农药、地膜等用量也处于全省较高水平，大部分资源的开发和利用已接近极限。长期以来，引黄灌区的农田水利设施建设大多以大沟大渠建设为主，农田节水灌溉设施建设投入占比偏低，随着黄河水资源的日益短缺，沿黄地区农业用水难以保障，不利于农业生产可持续发展。

（二）农产品加工业发展相对滞后

农业产业链条短、集聚度低，上市流通的农产品以初级产品为主，精深加工及综合利用能力不强。农产品加工企业总体上小而散、小而弱，精深加工型龙头企业较为缺乏，规模以上农产品加工企业数量仅占全省的11.3%，一定程度上制约了农产品的转化增值，导致上下游相关产业发展不起来，农业资源优势没有充分转化为产业优势和区域经济优势。

（三）农产品品牌竞争力依然较弱

传统名优特农产品发展潜力挖掘不够，农产品及其制成品自有品牌较少，农产品市场影响力、竞争力整体不强，品牌效益不明显，产品附加值偏低。品牌建设呈现低、小、散的特点，品牌塑造、宣传营销等工作投入不够，有产品没品牌，有品牌没知名度的情况还比较普遍，省级农产品知名品牌仅占全省的15%，缺少叫得响、记得住的知名品牌。

（四）新型农业经营主体整体带动能力不强

调查发现，沿黄地区龙头企业、家庭农场、农民合作社等新型农业经营主体数量不少，但规模大、示范带动能力强的不多。省级以上重点龙头企业数量149个，仅占全省总数的14.7%；市级以上农民专业合作社示范社占比仅为2.88%。土地家庭分散经营模式未根本改变，新型经营主体难以获得一定规模和长期稳定的土地经营权，制约了农业机械、特别是大型农业机械的应用及效率，也制约了先进农业技术的集成推广、广泛应用，导致农业生产成本高、种植效益低。

三 推进沿黄两岸农业高质量发展的路径

沿黄区域作为山东省重要农产品主产区，在产业发展上要立足黄河流域自然条件和资源禀赋，综合考虑农业产业发展现状，把巩固粮食产能、提升农产品品质，推进农业绿色高效发展作为工作的出发点和落脚点，科学利用黄河滩区、库区、湖区资源，大力发展绿色农业、品牌农业、智慧农业，加快推动特色农产品基地建设，打好"黄河牌"，不断提高农业现代化水平，着力打造产出高效、产品安全、资源节约、环境友好、一二三产业深度融合的黄河流域农业高质量发展样板。

（一）以强化基础设施建设为重点，稳定沿黄地区粮食产能

一是实施高标准农田建设工程。充分考虑沿黄地区耕地资源优势，结合粮食生产功能区、重要农产品生产保护区建设，支持粮食生产大县率先整县制推进高标准农田建设示范试点，重点开展土地平整、土壤改良、农田防护与生态环境保护、节水灌溉等工程建设，提升沿黄地区农田建设质量。

二是实施粮食绿色高质高效创建工程。在东平县、齐河县等沿黄地区粮食重点县，分批次整建制推进粮食绿色高质高效创建，选育应用高产、优质、多抗粮食新品种，推动沿黄地区粮食生产可持续发展。优先在沿黄地区推广应用先进耕作、灌溉、植保等现代化装备，倾斜支持沿黄地区创建省"两全两高"农业机械化示范县，提升主要农作物耕种收综合机械化水平。

三是实施农业标准化生产示范工程。支持沿黄地区开展标准化生产创建活动，集成推广标准化生产技术，实施产地环境无害化、基地建设规模化、生产过程规范化、质量控制制度化、产品流通品牌化等系列工程，在沿黄地区打造一批农业标准化生产示范基地。

（二）以推广绿色生产技术为重点，推进沿黄地区农业绿色发展

一是推广农业绿色生产技术。立足黄河流域生态保护要求，在黄河流域全面应用测土配方施肥，推广农作物病虫害统防统治和绿色防控、生态地膜栽培和秸秆高效利用模式及技术，推动废旧地膜、微灌材料和农药包装废弃物等回收处理，提升沿黄地区农田灌溉用水有效利用水平，保持化肥、农药使用量零增长。

二是大力发展生态循环农业。持续开展果菜茶等农作物有机肥替代化肥行动，推广厕所粪污好氧发酵等资源化利用技术，将具备条件的非畜牧大县逐步纳入畜禽粪污资源化利用整县推进范围；引导各地优化产业布局，推广梁山县循环农业发展模式，促进农作物秸秆和畜禽粪便就地生产、就近供应、就地消纳，提高农业生态系统物质和能量的多级循环利用。

三是创建省级农业绿色发展先行区。指导沿黄地区整县创建农

业绿色发展先行区，在创新农业绿色发展新技术、建立健全农业绿色发展制度体系、培养农业绿色生产经营队伍、拓展农业绿色产业链条等方面先行先试，打造黄河流域农业绿色发展样板。

（三）以打造平台为重点，加快农村各级产业融合发展

一是构筑乡村产业高质量发展平台。突出沿黄地区资源禀赋和产业优势，以优势产业、特色产业、乡土产业为重点，逐步实现沿黄地区省级现代农业产业园全覆盖，同步打造一批农业产业强镇、乡土产业名品村，形成县乡村三级产业发展梯次推进格局。

二是开展农产品加工业提升行动。立足黄河流域第一产业在全省的重要位置和对农产品加工转化及精深加工需求，实施优质农产品基地建设工程、农产品产地初加工能力提升工程、农产品精深加工高质量发展工程、农产品加工技术改造提升工程，以东营半球、万得福，滨州中裕、博兴香驰、渤海油脂、邹平西王等为重点打造黄河流域粮油加工产业集群，提升山东农产品加工业核心竞争力。

三是打造农产品新型供应链体系。围绕黄河流域农产品和市场有机衔接，加快沿黄地区农村电商产品品牌培育、智能商贸物流标准化建设，在沿黄地区扶持建设一批农产品仓储保鲜冷链设施项目。

四是因地制宜发展智慧农业。充分发挥黄河流域粮经、畜牧、水产等特色产业优势，以发展数字农业为重点，在沿黄地区推进物联网、云计算、大数据、移动互联网等技术集成应用，建设一批智慧农业应用基地。

（四）以建设特色农产品优势区为重点，大力发展特色农业产业

一是建设特色农产品优势区。科学利用黄河滩区、沿黄库区、湖区资源，以发展绿色种植业、健康畜牧业、生态渔业为重点，在章丘区、阳谷县、郓城县等蔬菜主产区，邹平市、惠民县、博兴县、高青县等畜禽主产区以及黄河三角洲等水产品主产区，建设一批产业链条相对完整、市场主体利益共享、抗市场风险能力强的特色农产品优势区。

二是打造特色农产品优质品牌。严格农产品质量监管，在"三品一标"认证等方面向沿黄地区倾斜，持续打造在国内外具有较高知名度和影响力的农产品区域公用品牌，叫响章丘大葱、平阴玫瑰、菏泽牡丹、东阿阿胶、鲁西黄牛、高青黑牛、黄河口大闸蟹等特色品牌。

（五）以提升规模化经营为重点，激发农业发展动力

一是提升土地规模化经营水平。深入探索农村土地所有权、承包权经营权"三权分置"有效机制，巩固完善农村土地所有权和农本土地承包经营权登记颁证成果。鼓励开展多种形式的土地托管生产托管服务，以财政补助形式扶持农业生产托管服务试点项目，进一步提升沿黄地区土地的多种形式适度规模经营。

二是大力发展农村集体经济。积极推广农村党组织（书记）领办合作模式，推广郓城"党支部＋合作社＋基地＋农户"等模式，探索农村集体经济新的实现形式和运行机制，强化沿黄地区村级集体济发展手段和增收能力。

三是强化新型农业经营主体培育。对沿黄区域制度健全、管理规范、带动力强的县级以上示范家庭农场、示范合作社等新型农业经营主体予以财政扶持，进一步提升技术应用和生产经营能力，加快构建新型农业经营体系。强化龙头企业带动、农民合作社联结、家庭农场和种养大户支撑，推行"公司＋合作社＋家庭农场"模式以及东明"龙头企业＋合作社＋农户"模式，进一步完善订单带动、利润返还、股份合作等利益联结机制，带动沿黄地区农民增收。

第六章　打造黄河流域科技创新策源地

创新是引领发展的第一动力，科技自立自强是促进发展大局的根本支撑。当前及今后一个时期，我国正处于中华民族伟大复兴战略全局与世界百年未有之大变局的历史性交会期。科技创新面临的形势正发生深刻变化，新一轮科技革命和产业变革加速演进，技术封锁和国际竞争的挑战前所未有。科学技术从来没有像今天这样深刻影响着国家前途命运，从来没有像今天这样深刻影响着人民生活福祉。经济社会发展和民生改善比过去任何时候都更加需要科学技术解决方案，都更加需要增强创新这个第一动力。作为黄河流域的发展龙头，山东应把科技创新摆在发展全局的核心位置，以国际化视野、超常规力度实施创新驱动发展战略，打造黄河流域科技创新策源地，为黄河流域发展提高坚实的科技支撑。

第一节　山东半岛城市群科创基础分析

"十三五"以来，山东省科技实力持续增强，创新能力不断提升，实现了"十三五"各项任务的胜利收官，为经济高质量发展提供了有力科技支撑。截至2020年，山东省高新技术产业产值占规模以上工业总产值的比重达到45.1%，比2015年提高12.6个百分点；山东省高新技术企业突破1.46万家，是2015年的3.75倍。山东省区域创新能力位居全国第6位，青岛、济南跻身全国创新型城市第10位和第14位。山东省科技创新呈现由"量"到"质"、由

"形"到"势"的根本性转变。

一 科技发展环境不断优化

进入新发展阶段，山东把科技创新摆到了前所未有的高度。省委省政府出台关于深化科技改革攻坚若干措施，加快建设高水平创新型省份。整合省直部门科技资金，自2020年起每年设立不少于120亿元的科技创新发展资金，是2015年的6.8倍，集中财力支持重大科技创新。强化放权、减负、激励，全面激发各类创新主体内在动力。加快实行以增加知识价值为导向的分配政策，开展经费使用"包干制"试点，赋予科技领军人才更大的人财物自主权和经费使用权。简化财政科研项目预算编制，关键节点实行"里程碑"式管理，大力开展清理"四唯"专项行动，真正为科研人员松绑减负。开展省属院所法人治理结构建设，让科研院所焕发创新活力。

二 科技支撑经济社会高质量发展能力显著增强

"十三五"以来，山东省基础研究投入力度持续加大，全省基础研究经费增长近一倍，目前省自然科学基金规模已突破5.05亿元。在人工智能、新一代信息技术、生物技术、新材料、新能源等领域取得一批重大成果，储备了一批具有产业发展引领作用的前瞻性原创技术，海洋、农业等领域科技创新能力达到全国领先。聚焦"十强"产业，组织实施重大科技创新工程项目近1000项，取得一批重大科技创新成果。2016年以来，山东省143个项目获国家科技奖，其中山东省单位或个人牵头51项，国家自然科学奖二等奖4项、国家科技进步奖一等奖2项。

三 战略科技力量不断强化

重点打造了以山东产业技术研究院为示范样板，30家省级创新创业共同体为支撑，300家省级备案新型研发机构为补充的"1+30+N"的创新创业共同体体系。以中国科学院海洋大科学研究中心、中国工程科技发展战略山东研究院、中国科学院济南科创城为代表的国家战略创新力量落户山东。"1313"四级实验室体系逐步完善。山东省建有青岛海洋科学与技术试点国家实验室1个，国家重点实验室21个，省实验室（筹）5个，省重点实验室239个。国家级技术创新中心数量位居全国前列。在省级层面，已在生物合成、高端医疗器械、碳纤维等领域布局建设了65家省级技术创新中心，有力提高了山东省"十强"产业集群的核心竞争力。

四 科技强企方阵粗具规模

大力实施科技型中小企业培育工程，构建科技型企业全生命周期梯次培育体系。截至2021年2月，山东省拥有省级以上科技企业孵化器225家，省级以上众创空间419家，其中，国家级科技企业孵化器98家，国家级众创空间242家，分别居全国第三位、第二位，全省科技企业孵化器、众创空间在孵企业超过2.5万家，为培育高新技术企业提供源头力量。对科技型企业给予研发投入后补助、研发费用加计扣除、中小微企业升级高新技术企业补助、"创新券"补贴等政策，有效降低企业创新成本。2020年科技型中小企业入库数量达到18203家，居全国第三位。大力实施高新技术企业培育工程，"十三五"以来，山东省高新技术企业数量实现大幅增长，年均增幅达到30%。

五 创新人才高地加快隆起

深入实施"人才兴鲁"战略，出台加强集聚院士智力资源10条措施、外国人来鲁工作便利化服务10条措施、促进自贸区海外人才流动便利化措施等改革政策，为人才发展营造良好环境。强化青年科技人才培养，对不超过35岁、全球前200名高校或自然指数前100位科研机构的博士来鲁就业创业的，直接给予省青年自然科学基金项目支持。连续两年举办山东省创新驱动发展院士恳谈会，设立山东院士专家联合会。截至2021年2月，山东省共有住鲁两院院士和海外学术机构院士98人、国家杰出青年科学基金获得者118人，长期在鲁工作的外国人才约1.5万人。

在肯定山东科创优势的同时，应对标先进，找准自身发展短板，特别是要加强自主创新能力。目前，山东省全社会研发创新投入不足，创新体制机制还不够健全，科研成果转化率偏低，自主创新能力亟待提高。基础研究和应用基础研究投入偏少，前沿性关键核心技术的自主创新、原始创新乃至颠覆性创新不足，不少领域的基础材料、关键零部件、先进工艺的"卡脖子"问题远没有得到根本解决；关键装备、核心零部件和基础软件等存在较为严重的进口依赖问题，关键共性技术供给难以满足动能转换的需要。研发投入明显低于北京、上海、江苏、广东的水平。高端领军人才供给短缺，特别是云计算、大数据、人工智能、机器人等快速发展的行业领域面临高层次复合型人才严重不足的制约。两院院士、长江学者、国家杰出青年科学基金项目负责人、国家"千人计划"人才等专家数量在全国排名第 12 位，低于北京、上海、江苏。

第二节 国内建设科创策源地的经验借鉴

一 上海市建设创新策源地的相关措施

上海坚持科技创新和制度创新双轮驱动，以提升基础研究能力和突破关键核心技术为主攻方向，疏通基础研究、应用研究和产业化双向链接的快车道，激发各类主体的创新动力和活力，强化知识产权运用和保护，以更加开放包容的政策和环境培育集聚各类科创人才，推动国际科技创新中心核心功能取得重大突破性进展，主要包括以下几个方面。

（一）加强基础研究

基础研究是整个科学体系的源头，是所有技术问题的总机关。上海拥有丰富的大院大所资源，稳居国内前列，为提升基础研究水平和能力创造了条件。下一步，上海将坚持"注重原创、以人为本、持之以恒、开放合作"的总体思路，重点抓好四项工作：

一是强化基础研究系统布局。坚持战略导向与原创探索并重，坚持全球视野、国家需求和前瞻引领，在关系长远战略发展的基础前沿领域和关键核心技术重大科学问题领域加强前瞻部署。二是进一步激发主体活力。针对科学家、高校、科研机构、企业和社会组织等不同主体，围绕稳定资助、自由探索、新型研发机构建设、企业开展基础研究等方面，尽最大可能破除制约基础研究发展的体制机制障碍，力争以基础研究带动应用技术群体突破。三是优化各类投入机制。努力提高基础研究经费投入占全社会 R&D 比重和市级财政科技投入的基础研究比重，加快形成政府投入为主、社会多渠道投入机制，不断吸引和集聚基础研究领域的优秀人才和优质资源。四是构建高水平开放合作新格局。通过积极牵头组织实施大科学计划和大科学工程，拓展双循环格局下国内国际合作网络，不断增强全球创新资源配置能力。

（二）加强三大领域部署和人才培养

在集成电路、生物医药、人工智能三大领域实现重大突破，是国家赋予上海的重要使命。上海将重点围绕核心技术攻关、国家级重大创新平台建设、产业投融资体系、创新人才集聚培养等方面，加强重大科技任务统筹部署，加快推动创新要素向企业集聚，促进产学研深度融合。在集成电路领域，上海将充分发挥集成电路科技和产业优势，持续在关键核心技术攻关上取得突破，加强前瞻技术布局，增强产业链供应链自主可控能力。在人工智能领域，建设上海国家新一代人工智能创新发展试验区，积极推动基础理论研究、创新产品研发与多场景智能融合应用，探索人工智能治理原则与伦理规范，开展人工智能社会实验。在生物医药领域，加大原创新药产品研发，加速创新型骨干企业发展，深入开展医疗器械技术审评等先行先试改革。在三大领域高端研发人才的储备与培养方面，上海还存在双向不足的制约，将通过进一步优化学科布局、扩大国际合作力度、加大人才激励等举措，加强三大领域人才的培育。

（三）为科技自立自强提供制度保障

近年来，上海一直在探索体制机制创新。当前，上海科技体制机制改革已经从搭框架、建制度向提升体系化能力转变。未来五年，上海将主动顺应创新主体多元、活动多样、路径多变的新趋势，为实现科技自立自强提供强有力的体制机制保障，重点聚焦以下四个方面。

一是坚持以强化创新策源功能为主线。通过完善战略科技力量建设运行机制、健全基础研究投入和支持机制、构建关键核心技术攻关新型举国体制等方面，使上海努力成为全球科学新发现、技术新发明、产业新方向、发展新理念的重要策源地。

二是坚持系统推进、重点突破。加强科技体制机制改革的系统设计和分类指导，优化科技资源配置，探索"悬赏揭榜制""赛马制"等科研计划管理体系和项目供给机制，落实对新型研发机构的针对性制度支持，建立健全科技成果转化收益分配机制，营造企业需求导向、产学研合作、大中小企业融通的技术转移生态。

三是坚持把人才作为发展第一资源。致力打造更好的事业平台和生活条件，集聚海外高层次人才。尊重人才成长规律和科研活动自身规律，优化人才分类评价机制和使用机制。

四是坚持营造开放包容的创新生态。不断完善高新技术企业培育机制，着重营造公平竞争环境和良好市场环境。在长三角创新共同体建设、参与和发起国际大科学计划、引入高水平国际创新资源等方面积极探索，构建完善双循环格局下的国内外合作机制。

二　江苏省建设创新策源地的相关措施

江苏省突出创新在现代化建设全局中的核心地位，坚持"四个面向"，制定科技强国行动纲要江苏省实施方案，构建与新发展格局相适应的区域创新体系和产业创新模式，打造关键环节抗冲击能力体系，勇当科技和产业创新的开路先锋，主要体现在以下五个方面。

（一）强化战略科技力量布局

围绕国家战略需要和江苏产业发展需求，加强基础研究，注重原始创新，充分发挥政府作为重大科技创新组织者的作用，确定科技创新方向和重点，系统推进基础研究、关键核心技术攻关和实验室体系建设，着力解决制约发展和安全的重大难题，全面提升在国家自主创新体系中的地位。重点支持紫金山实验室、姑苏实验室和太湖实验室创建国家实验室，高水平建设江苏省实验室。整合提升现有重点实验室规模创新优势，争取新布局建设一批重点实验室。推动未来网络试验设施、高效低碳燃气轮机试验装置产生更多前沿科技成果，支持建设纳米真空互联实验站、作物表型组学研究设施、空间信息综合应用工程等重大科技平台，提高共享水平和使用效率。

（二）大力发展沿沪宁产业创新带

加快科教资源和产业创新优势叠加，加强与上海科技创新中心联动发展，深入开展世界级产业集群共建行动、"卡脖子"技术攻关行动和重大技术成果转化行动，建设具有国际影响力的产业创新带。完善产业与创新互促融合发展机制，推动产业链、创新链、价值链跨区域一体化布局建设，构建产业跨界融合、企业协作融通、集群高端发展的产业创新生态。提升苏南国家自主创新示范区创新引领能力，支持南京建设综合性科学中心、苏州创建综合性产业创新中心。积极推动苏锡常共建太湖湾科技创新圈，建立健全科技资源共享、重大研发平台共建和协同联合攻关机制，大幅提升科技创新策源功能。推进宁镇、宁扬产业创新协作。

（三）打造一流产业创新载体

进一步发挥省产业技术研究院"试验田"作用，扩大示范引领效应，深化技术创新及成果转化体制机制改革，提升高水平产业技术供给能力。聚焦优势产业和新兴产业，以企业为主体，推动创建国家级产业创新中心、技术创新中心、制造业创新中心、工程研究中心，加快打造产业创新新引擎。积极建设新型研发机构，发展混合所有制产业技术研究机构，培育壮大新技术新业态新产业。支持高新区高质量发展，着力集聚具有国际竞争力的创新型企业，全面提升高新技术产业发展水平。统筹建设创新型城市、创新型县（市），引导中心城市依托地标性产业打造专业化创新基地。

（四）实施重点产业技术攻坚行动

聚焦重点产业集群和标志性产业链，瞄准高端装备制造、集成电路、生物医药、人工智能、移动通信、航空航天、软件、新材料、新能源等重点领域，组织实施关键核心技术攻关工程，力争形成一批具有自主知识产权的原创性标志性技术成果，加快改变关键核心技术受制于人的被动局面。强化目标导向和需求导向，深化产学研协同攻关，综合运用定向择优、联合招标、"揭榜挂帅"、股份合作等方式，进一步提高产业科技创新的组织水平。鼓励和支持民营企业开展关键核心技术攻关。

（五）加强基础研究和原始创新

把提升原始创新能力摆在更加突出的位置，聚焦量子通信和量子计算机、物质科学与量子调控、脑科学与类脑研究、高可信智能软件、超高分辨显示、多源信息感知、极端环境服役材料、干细胞及转化、蛋白质制造、极端制造、新型储能材料和技术等前沿基础领域，支持高校院所和企业开展科学探索与研究，争取承担国家战略性科学计划和科学工程。建设一批高水平研究型大学和基础学科研究中心，鼓励开展跨学科研究，开辟适应产业需求的新学科方向，完善共性基础技术供给体系。实施前沿引领技术基础研究专项，引导企业、金融机构以捐赠、建立基金、开展联合资助等方式加大基础研究投入，努力实现更多"从0到1"的重大原创突破。探索前沿性原创性科学问题发现和提出机制，支持领衔科学家实施一批长周期、高风险的重大基础研究项目。

三 浙江省建设创新策源地的相关措施

浙江省提出"十四五"时期要加快构筑高能级创新平台体系，努力打造创新策源优势。加快培育国家战略科技力量，大力提升自主创新能力。具体措施包括以下六个方面。

（一）举全省之力推动杭州城西科创大走廊建设原始创新策源地

围绕打造"面向世界、引领未来、服务全国、带动全省"的创新策源地，聚焦数字科技、生命健康、高端装备以及新材料、量子科技等领域，集中力量建设杭州城西科创大走廊，支持杭州高新区、富阳、德清成为联动发展区。加大实验室和技术创新中心、重大科技基础设施主动布局力度，突破一批重大科学难题和前沿科技瓶颈，催生一批领跑国际的标志性重大成果，提升硬核科技原创力。按照国际顶尖标准，完善更加开放的创新体系和创新规制，大力引进集聚国际顶尖科学家和人才团队，集聚世界级企业和高水平研究型大学、研发机构。以杭州城西科创大走廊为主平台，建设综合性国家科学中心。

(二) 大力打造全省技术创新策源地

支持宁波甬江科创大走廊加快集聚新材料、智能经济等领域创新机构，打造长三角重要创新策源地。支持温州环大罗山科创走廊打造有全球竞争力的生命健康、智能装备科创高地。支持嘉兴G60科创大走廊打造全球数字科创引领区、区域一体化创新示范区、长三角产业科创中心和科技体制改革先行区。支持浙中科创大走廊以信创产业和智联健康产业为重点，打造具有全国影响力的科创高地和产业创新发展枢纽。支持绍兴科创大走廊打造长三角重大科技成果转化承载区、全省科技经济联动示范区、杭州湾智能制造创新发展先行区。谋划建设湖州、衢州、舟山、台州、丽水等科创平台。联动推进杭州、宁波温州国家自主创新示范区和环杭州湾高新技术产业带建设，打造具有全球影响力的"互联网＋"科技创新中心、新材料国际创新中心和民营经济创新创业高地，成为引领全省的创新增长极。

(三) 加快构建新型实验室体系

完善实验室梯度培育机制，加快构建由"国家实验室、国家重点实验室、省实验室、省级重点实验室"等组成的新型实验室体系，全面提升基础研究和应用基础研究能力。支持之江实验室以国家战略需求为导向，开展前沿基础研究和重大科技攻关，支持西湖实验室发挥人才和体制机制优势，努力打造成为国家实验室的核心支撑。谋划推进新材料等重点领域融入国家实验室布局。推动国家重点实验室重组建设，支持浙江大学、西湖大学、浙江工业大学、中电海康集团等积极争创一批国家重点实验室。支持浙江大学等建设世界领先的基础理论研究中心。推进良渚、湖畔等省实验室加快建设。支持省级重点实验室开展多学科协同研究，探索组建联合实验室和实验室联盟。

（四）加快完善技术创新中心体系

聚焦关键核心技术攻关和重大创新成果转化，加快构建由"国家技术创新中心、省技术创新中心、省级企业研发机构"等组成的技术创新中心体系，形成应用基础研究和技术创新对接融通、相互促进的科技创新发展布局。积极争取综合类国家技术创新中心在浙江布点，支持地方政府或有关部门联合科研优势突出的创新型领军企业、高校院所等，谋划创建领域类国家技术创新中心。依托创新能力突出的领军企业和高校院所，整合产业链上下游优势创新资源，布局建设综合性或专业化的省技术创新中心。推动技术创新中心与实验室、制造业创新中心、产业创新中心等联动发展，加强产业技术研究院等共性技术平台建设，增强行业共性技术供给。推动省级（重点）企业研究院、高新技术企业研发中心、企业技术中心等企业研发机构优化整合、提升能级，打造产业链重要环节的专业化单点技术创新优势。

（五）大力引进培育高端新型研发机构

鼓励国内外一流高等学校、科研机构、龙头企业、高层次人才团队等优势科技创新资源，建设一批投资主体多元化、建设模式国际化、运行机制市场化、管理制度现代化、产学研紧密结合的新型研发机构，推动科技研发、成果转化、产业培育协同发展。深化与中国科学院、中国工程院等的战略合作，加快推进浙江省与中国科学院合作共建之江实验室，支持浙江清华长三角研究院、中国科学院宁波材料技术与工程研究所、浙江大学国际科创中心、中国科学院大学杭州高等研究院、宁波工业互联网研究院、中国科学院大学温州研究院、复旦大学浙江研究院等新型研发机构建设和发挥作用。

(六) 加快完善重大科研设施布局

加快建设超重力离心模拟与实验装置，打造全球容量最大、应用范围最广的超重力多学科开放共享实验平台。围绕数字经济、生命健康、物理学等领域，加快推进重大科技基础设施（装置）建设，打造大科学装置集群。支持浙江大学、西湖大学、杭州医学院（省医科院）等有条件的单位建设高级别生物安全实验室。加快阿里巴巴城市大脑、海康威视视频感知、华为基础软硬件、之江实验室天枢开源等人工智能开放平台建设。支持建设野外科学观测研究站、重要种质资源库、中国人脑库等重大基础科研平台。

第三节 打造黄河流域科创策源地的路径

在创新成为我国现代化建设全局核心、科技自立自强成为国家发展战略支撑的大背景下，新一轮省际科技竞争将更加激烈，各省必将有大举措、大动作，山东省要找准自身定位，高水平系统谋划，扎实推进科教强省建设，打造黄河流域科技创新策源地，在具体操作中，要突出抓好以下几个方面。

一 加强战略科技力量建设

（一）推动更多平台进入国家战略科技创新体系

据了解，国家正在加快推进战略科技力量建设，在全国配置一批顶尖科技创新平台。国家实验室方面，已批复北京怀柔等4个综合性国家实验室，下一步还将在专业领域布局一批国家实验室；综合性国家科学中心方面，北京怀柔、上海张江、粤港澳、安徽合肥4个综合性国家科学中心已获批，成渝将成为第5个；基础学科研究中心方面，2020年召开的中央经济工作会议提出，国家将重点布局一批基础学科研究中心，相关工作正在启动；以企业为主体的重大创新平台方面，目前有国家发改委的产业创新中心（山东省已有

1家)、科技部的技术创新中心(山东省已有2家)、工信部的制造业创新中心(山东省已有1家),山东要抓住以上机遇,加紧制定《山东省战略科技力量建设行动方案》,加快高端平台建设。

经调研分析,山东省有些平台具备了相当的实力,要举全省之力,推动进入国家队。建议:一是在2个专业领域规划建设国家实验室。在海洋领域,加强与国家有关部委对接,进一步理顺管理体制,凝练科研方向,加快推动青岛海洋科学与技术试点国家实验室转正。在种子领域,围绕实施种子工程,依托山东农科院,联合国内高校院所、企业,建设育种加速器,着力打造种子领域国家实验室。二是支持济南、青岛联合创建综合性国家科学中心。落实习近平总书记经略海洋、陆海统筹指示,优先从海洋特色科学中心求得突破。从目前情况看,山东省无论哪个市都无力冲击综合性国家科学中心,但济青两市汇集了全省80%以上科教资源,如果联合起来,解决好大科学装置等重大科技基础设施欠账问题,很有希望在"十四五"时期获得成功。关于大科学装置,广东的"捡漏"做法值得借鉴。"十三五"时期,国家按照每年10个、"选10备5"建设大科学装置。广东将落选项目,先自己出钱择优引进,经过努力提升,进入国家大科学装置序列。三是培育一批国家基础学科研究中心。这是2020年中央经济工作会议提出来的,山东省要抢抓机遇,在山东大学、中国海洋大学、中国石油大学和山东省高水平建设大学中遴选一批在全国有优势的数理化、文史哲、生命科学等学科,加快培育引导,冲刺国家基础学科研究中心。四是选拔一批在行业领域具备实力的创新平台冲击国家发改委、科技部、工信部的三大创新中心。如推动海尔高端智能家电、威高医用材料与装备、天瑞重工磁悬浮装备、歌尔虚拟现实等进入国家制造业创新中心序列。

(二)对接黄河战略打造引领性科技创新平台

据了解,沿黄各省都有一些科技战略布局,如河南省计划投资20亿元建设黄河实验室、面向全流域、多省份、多学科进行研究,山东省要参与黄河流域竞争，发挥龙头作用，必须坚持科技先行，加快行动步伐。建议依托东营黄三角农高区成立黄河流域生态保护和高质量发展研究院，主要解决流域发展战略、生态保护修复、高质量发展等多学科、"瓶颈"性难题，并在流域治理保护中应用，打造沿黄9省区协同科研创新平台。

（三）建设山东创新经济战略委员会

调研中发现，目前国家有大量的战略科技人才资源可以为我所用。比如，国家部委退休高层次领导干部，这些人了解国家战略方向，组织国内外创新资源能力强。近几年广东聘请了科技部退休的副部长、司长等高层次人员到省实验室任理事会主任，发挥了很好的作用。又如，中国科学技术协会所属200多个全国学会，其中50个左右与山东"十强"产业密切相关。这些学会集聚了全国各领域院士、专家。山东省可择优培育扶持部分省级学会，使之真正做强做大，发挥它们在双招双引中对接全国学会创新资源的独特优势。再如，不少专家建议，一些国家战略思路最初来源于中国科学院、清华大学等国家高端战略智库。山东省应进一步密切与国家层面战略智库和高端智库人才的联系，发挥他们在把山东区域发展战略纳入国家总体战略布局中的独特作用。建议成立由省委主要领导牵头主抓的山东创新经济战略委员会，将上述战略科技人才吸收进来，给予充足研究经费支持，利用他们的人脉资源和战略眼光，服务科教强省建设。

二 创新"卡脖子"技术研发组织模式

（一）建立"卡脖子"技术预警导航机制

围绕山东省产业需求，瞄准人工智能、生命健康、生物育种、量子信息、深地深海前沿新材料等未来产业，建立预警导航机制，实施精准预测预判，滚动编制攻关清单，每年实施一批重大科技项目，加强科技创新前瞻布局，推动创新链产业链精准对接。

（二）探索适应颠覆式创新的科技管理模式

强化领跑思维，坚持原创导向，探索构建颠覆性和非共识性研究的遴选和支持机制，设置一定比例的非共识性科研项目，允许科研人员自主选题、自主研发，实现更多"从0到1"的突破。

（三）扩大"揭榜制"参与度和开放度

2020年是山东省实行"揭榜制"的第一年，共发布100个重大科技创新工程揭榜项目，由于山东省外企业和首席专家无法直接获得山东省财政资金，这些项目只能由山东省内企业、高校和科研院所来揭榜，不利于聚集外部顶尖创新资源。还有一些企业反映，不知道"榜"在哪里、到哪里"揭"。建议进一步完善"揭榜"制度，以海纳百川的胸怀，吸引全球领先的外部企业、科研院所、高校、首席专家参与揭榜，提供最优技术解决方案。相关财政经费管理规定应同步改革。

（四）建立"卡脖子"攻关专班

山东省潍坊市对处于前沿的磁悬浮产业设立专班，成立专班专家委员会、产业技术研究院等，从财税优惠、高层次人才引育、争取政策等方面给予专门支持，明确责任单位抓好落实，为形成行业先发优势创造条件。可推广这一做法，以专班形式动员各方力量，攻克"卡脖子"技术。对确有可能在国内乃至全球形成领跑优势的产业，建议探索设立省级专班。

三 深化科技成果转化体制机制改革

（一）加大成果转化人的收益分配比例

现行的科技创新激励政策侧重于发明人，一般给予发明人不低于70%的收益分配，而对转化人重视不够，不利于转化中介机构的培育发展。美国1980年出台的《拜杜法案》规定，科技成果收益按成果发明人、转化人、投资人各1/3分配。这一法律性文件出台后，科技成果转化率在短期内由5%翻了10倍，在此后10年内重塑了美国的世界科技领导地位。建议探索针对科技成果认定、推介、中试的成果转化人（企业）的激励机制，合理确定其参与成果收益分配的比例。

（二）探索建立绿色技术银行

绿色技术银行是指像存钱一样存储绿色技术成果，通过市场化手段实现成果转移转化。2017年，全国第一家"绿色技术银行"在上海成立，山东魏桥等企业与其有业务合作。山东省绿色技术市场需求比上海更大、市场更广阔，可考虑依托山东产业技术研究院成立"山东省绿色技术银行"，在铝业、化工、环保、海洋等领域储备并转化更多绿色技术。

（三）加强科技成果转化的专业能力建设

山东省技术成果转移转化率偏低，以高校为例，全国高校科技成果转化率平均在6%，山东省仅为1.47%，除因为评价导向导致无效专利多、可转化成果少以外，还有一个重要原因是成果转化队伍力量不足、专业能力不强。应研究出台扶持政策，加快培育专业技术转化机构和技术经理人，为发明人提供公司注册、法律咨询、融资路演、交割谈判、公司落地等全链条优惠政策服务。

四　优化中小科技企业成长政策环境

（一）在科研项目立项上为中小型科技企业预留空间

在科技项目争取上，中小企业无法与大型企业竞争，有些项目对中小企业是雪中送炭，对大型企业作用不大。建议在科技计划体系中，除重大科技创新工程外，每年拿出一定比例科技资金，通过竞争方式，对高成长的中小型科技企业进行支持。

（二）建立大型科研仪器设备开放共享机制

调研中有的企业反映，大型科研仪器价格高昂，中小企业不舍得投入，一些高校和科研院所受制于事业单位性质不能开展营利性活动的规定，无法或不愿向企业提供共享服务。另外，大型仪器设备重复购置、资源浪费的情况也不同程度存在。建议对财政资金支持的大型科研仪器设备、软件系统实行登记制度，向社会公布资源分布情况，做好开放共享。探索在不改变科研仪器设备所有权的前提下，开展所有权和经营权分离机制试点，授权省内高校、科研院所、财政支持的创新平台等作为科研仪器设备的开放共享运营机构,为中小型科技企业提供服务。根据需要建立共享实验室、平台测试中心,进行集约式经营管理。

(三) 提高中小企业产品政府采购占比

一些中小型科技企业反映,它们的产品属于"新生儿",市场认可度低,但没有雄厚的资金做广告,需要政府示范应用。建议参照北京等市做法,把中小企业在政府采购中的份额占比提高到40%以上,其中预留给小微型企业的比例提高到70%以上,帮助其尽快打开市场。对类似山东潍坊天瑞重工这样的既有利于环保、又可大幅降低使用成本的节能、降耗磁悬浮产品,可一事一议,研究更大力度政策。

五 强化资本要素支撑

(一) 持续加大财政科教投入

2019年,山东省地方财政科技支出为305.76亿元,为全国第8位,排在安徽、湖北之后,总量仅为广东省的26.16%。财政科技支出占地方财政支出比重,山东省为2.85%,低于全国2.92%的平均水平,而河南省连续三年保持15%以上高增速,浙江今年提出"十四五"时期全省财政科技投入年均增长要达到15%以上。教育投入方面,山东省高等教育生均经费多年位于全国倒数第一、第二,其中一方面原因是,山东省把临沂大学、济宁学院等共20万学生的8个院校调整为省属高校,由市财政负担变为省财政负担,稀释了省级财政投入。山东省要增强危机感,按照不低于15%的增速加大财政科技投入;出台鼓励政策,增加地市财政对所在地省属高校的投入。

(二) 设置财政科技投资亏损率

目前,财政、审计、国资等部门为了保障财政资金安全,对尚未盈利的种子期、初创期的企业不敢投、不愿投。建议改革财政科技资金绩效评价办法,建立财政科技资金容错机制,允许有一定的亏损率,以强化对创新的支持。

（三）探索建立开放基金

广东省最近提出科技创新券在"全国使用、广东兑位",吸引各地优质创新资源服务广东,浙江等地也有类似政策,山东省处于南北分化交界地带,这些政策将对山东形成虹吸作用。山东要积极应对,可考虑建立几只开放型科创基金,用于吸引省外创新资源。

（四）加强科技金融创新

引进浦发硅谷银行在山东设立分行,鼓励省属独立法人银行申请筹建新型的科技风险银行,允许债权投资和股权投资的混业经营模式,专注服务科技型中小企业。

六 实施科技治理效能提升行动

（一）优化高校专业学科结构

在调研中,教育部门反映,这些年高校虽然在不断调整学科设置,但依据是入学报名率和毕业生就业率,至于与经济社会发展匹配度有多大,不得而知,科教产脱节问题比较突出。建议在省级层面搭建人才培养供需对接平台,由教育、发改、科技、工信、商务、人社等部门参加,通过大数据手段,定期分析山东省经济社会人才需求情况,制订中长期人才培养计划,提前做好专业学科调整布局。同时,围绕产业和科技创新需求,制订年度协同创新方案。

（二）采用"技术就绪度"进行科技管理

技术就绪度是由美国军方在21世纪初提出并使用的一种有效的科研项目评价工具,分为9个等级,用于量化科研活动阶段和含金量。据了解,国家科技部、广东省已使用这种技术工具,青岛也在技术成果交易中使用此工具作为定价参考。这一工具最大的好处在于对科技活动进行较为精准的量化评价,在科研项目立项、成果交易中较好地排除了人为主观因素,使科技资源得到更为精准的配置。建议山东省在科技项目管理中引入技术就绪度,实现高水平立项,高效使用财政资金。

（三）开展科研院所"承包制"改革试点

针对山东省部分科研院所运行效能不高的问题,可选择1—2家科研院所，面向全国，采取竞争上岗办法选择承包人，签订目标协议和任务责任书，进行内部运行机制改革，激发科研活力。

（四）简化科技项目审批程序

以山东潍坊华以农业科技有限公司为例，省政府调研组在评估该公司一个麻类作物科技项目后决定给予10%的支持，但企业提交材料两个半月后，资金仍在走程序，迟迟没有到位，企业等不起只好放弃。类似环节多、程序复杂问题在科研项目立项方面普遍存在，有些科研项目时效性较强，如果审批时间过长，先发优势将会丧失。建议深化流程再造，最大限度压缩时间减少环节；设置必要的应急资金，对一些急需、随机性科研项目进行支持。

（五）打造创新生态示范区

利用5年左右的时间，在济南、青岛自贸区选择合适区域，打造科技创新"特区"，在科研项目研发组织模式、科研经费管理使用、人才待遇等方面，进行突破性先行先试，布局一流创新资源，打造适宜创新、适宜居住的国际化科技，创造最优创新生态。

（六）提升科学普及水平

从山东省情况看，2018年公民科学素质水平为9.18%，位列天津、江苏、浙江、广东等省市之后，仅排在第7位；科普产业发展滞后，科技馆建设总量属于全国前列，但科普产品90%来自省外企业，在建的省科技馆从建设图纸到概念设计，从设计方案到展品制作，没有一家省内科普企业中标。建议重视提高公民科学素质，出台科普产业支持政策，鼓励有条件的市设立科普产业园区，培育骨干企业。

第七章 打造黄河流域高质量发展增长极

山东作为黄河流域的发展龙头，打造高质量发展增长极是重大使命担当，关键是要坚定不移推进新旧动能转换，加快培育特色优势现代产业体系，建立优良产业生态，不断完善提升产业链、供应链、价值链，发挥好金融活水作用。简言之，只有抓好产业高质量发展，才有底气在黄河流域实现"龙头引领"。

第一节 新旧动能转换以来山东产业转型升级的成效

自2018年实施新旧动能转换重大工程以来，三年的时间山东加快构建现代产业体系，新兴产业快速增长，传统产业提质增效加速，新旧动能转换成效逐步显现。三次产业结构由2017年的7.7：42.7：49.6调整为2020年的7.3：39.1：53.6，服务业对经济增长的贡献率由2017年的59.6%提高到2019年的78.4%，以服务经济为主导的产业结构持续巩固。以新技术、新产业、新业态、新模式为代表的"四新"经济高速成长，引领山东经济发展动能加速转换，成为强劲活跃增长极。"四新"经济增加值三年间年均增速超过20%，占地区生产总值比重由2017年的21.7%提高到2020年的30.2%新一代信息技术、高端装备、新能源新材料、现代海洋、医养健康、高端化工、现代高效农业、文化创意、精品旅游、现代金融服务"十强"产业做优做强做大，占全省生产总值比重稳定在

50%以上；2020年"十强"产业逆势快速壮大，前三季度实现增加值增长4.7%，其中五大新兴产业增长6.7%，五大传统产业增长3.3%，分别高于同期地区生产总值增速2.8、4.8和1.4个百分点。截至2020年年底，全省73个"雁阵形"产业集群规模突破4.5万亿元，7个集群入选首批国家战略性新兴产业集群，数量居全国首位。

当然，推进山东产业转型升级仍存在一些突出问题和制约。例如，产业链水平和竞争力不高，基础关键技术、先进工艺、核心零部件根基不牢，山东省能够从事元器件、关键基础材料生产的企业较少。企业普遍反映，使用的加工中心、机械手臂、焊接机器人等"工业母机"大多进口自欧、美、日、韩。像信息产业，山东省80%的企业集中在组装领域，电子元件、集成电路制备件等国产化率低。再例如，有些产业政策"一刀切"，指导投资不够精准。山东省对铸造、轮胎等行业严禁新增产能，没有区分高端和低端，像航空轮胎、精密铸造等项目也受到限制。据了解，部分质量效益较好的项目，也因此转移到了周边省市投资。

第二节 建立优良产业生态

打造黄河流域高质量发展增长极，首先要有优良的产业生态，营造既有参天大树又有森林，既有灌木又有小草的"热带雨林"。通过山东部分地区的实地考察，本书从以下六个方面梳理了存在的问题，并提出了对策思路。

一 系统认识优良产业生态

当前，很多企业对产业生态的总体研究、布局设计不多，多数只是从构建产业链角度考虑，重点放在建链补链强链、双招双引、做强增量上，在推动区域产业生态内部企业之间合作、优化外部环境、做优存量方面考虑得不够，办法不多。企业更多关注自身生产经营，对产业链、产业生态、配套合作等关注较少。因此，建议一是通过会议讲话、工作部署、舆论宣传等方式，广泛动员，凝聚未来竞争不仅是单个企业的竞争，更是产业链、产业生态竞争的思想共识，宣传推介山东省成功案例及外地先进经验。二是将培育优良产业生态纳入党政干部及企业家培训内容，利用党校等阵地加强培训。

二 突出特色产业重点

各地产业定位只有具备特色优势，才能在新发展格局中占领一席之地。目前，山东一些县（市、区）确定的重点发展产业仍然较多，一些产业特色优势不明显，围绕特色优势产业培育优良产业生态的定力不足，分散了土地、能耗、环境容量等紧缺资源。建议按照基础较好、处于全国第一方阵，空间较大、国内市场潜力千亿级、万亿级以上，链条较长、上下游牵引带动作用强，省、市、县分层次确定各自重点打造的产业生态。省级层面，在制造业领域，以新一代信息技术、高端装备、新能源新材料、现代化工以及现代高效农业中的食品产业、医养健康中的生物医药和医疗器械、现代海洋中的海工装备等"十强"产业为重点，兼顾有色金属、先进钢铁等传统产业的改造提升，山东省工信厅已经梳理了30个重点细分行业产业链，规划设计了产业链图谱，制定了装备水平提升、关键技术攻关、整机配套合作、"双招双引"需求、标杆企业赶超、人才智库对接、战略投资引进、互联网平台建设八个方面的任务清单，下一步要持续推进落实，各市、县也要参照省里的做法，厘清支撑产业生态的重点链条，实施"一张图谱、八张清单"推进机制，构建合作紧密、协同高效的产业生态圈。每个县（市、区）确定重点发展的工业园区原则上不超过3个，新上项目必须进园区，不符合园区发展方向的项目一律不上，要素跟着重点产业链的项目走，推进资源要素与产业生态培育、产业链搭建、功能区发展精准衔接。

三 加大领航型企业培育力度

一方面,存在龙头不强的问题,有的产业"群山无峰",缺乏龙头引领。比如,山东省食品、造纸、轮胎、纺织服装等产业,产能居全国前列,但是缺乏带动引领力强的大企、强企、名企。

另一方面,现有龙头企业发挥带动作用不够,与中小微企业之间缺乏差异化定位、协同发展、分工合作的意识和机制。

中小微企业发展不快,创新创业活力不足,也影响区域配套支撑功能,无法形成龙头企业通过并购重组等方式迅速做大做强的市场条件。建议一是支持重点行业的头部企业加强核心能力建设,开放市场链、供应链、创新链,带动中小微企业创新创业孵化和专业化、社会化配套产业发展。二是鼓励中小微企业紧紧围绕领航型企业,聚焦关键核心技术和产业链空白、薄弱环节创新创业,提升"专精特新"发展水平。三是加强横向整合,推进龙头企业发挥研发能力、品牌影响力、渠道平台等方面优势,通过并购、股权合作等方式,做大做强。

四 加强产业内部配套协作

在调研中看到,有的地方虽然形成了产业集群,但往往存在同质化竞争现象,未实现产业配套和链条式发展。例如,石化行业以炼油为主,"油头多,化身少,高化尾更少"。此外,市场对接合作不够,省内一些整机企业,本地具备配套条件,但本地配套率还不高。缺少面向行业的公共服务平台,新型研发机构、供应链合作、电子商务等新业态发育不充分。建议一是发挥龙头企业在重点园区规划建设、建链补链项目落地、资源要素配置、扶持政策制定实施等方面发挥主导作用,对符合产业政策和园区发展规划,在要素供应总量范围内、有利于培育整体产业生态的项目,原则上予以支持;对过多占用园区竞争性资源、同质化竞争、影响整体生态项目,领航型企业享有"一票否决权"。二是加强产业集群内部供需对接平台和机制建设,省、市、县重点产业链链主型企业通过专业分工、服务外包、订单生产等,带动新上项目或现有企业进入产业链或采购系统的，省财政按照新增省内配套的企业户数、采购结算额，结合"雁阵形"产业集群培育给予奖励。三是依托龙头企业、产业联盟、行业协会，在每个产业领域支持建设 1 个面向全行业开展市场化服务的技术创新中心，引进或培育 1 家为全行业提供技术成果转化经纪、智能化技改方案对接、供应链管理、网络营销的专业服务商，通过市场化力量培育新业态，激活产业发展新动能。四是在总集成总承包、大规模个性化定制、全生命周期管理、增值服务等领域，加大服务型制造试点示范工作，每年培育一批服务型制造试点示范企业，作为重点产业链关键节点企业，加大供应链、市场链对接力度。政府采购逐步从采购产品向采购"产品+服务"转变。

五 培育形成产业互联网生态

新一代信息技术与制造业融合刚刚起步，新基建尚呈散状分布，行业大数据中心、工业互联网平台、智慧园区等载体建设滞后，重点产业的"网上"生态需要加快构建。建议一是通过政府引导基金、财政资金股权投资等方式引导市场化资金参与，加快重点园区、重点产业链 5G 商用、数据中心建设，促进骨干网、城市网、园区网、企业网全面升级，尽快形成重点产业链的新基建优势。二是以智能化技改设备奖补、贷款贴息政策为抓手，加快推动企业自动化、数字化、网络化智能制造进程，力争三年内大多数制造业企业具备融入互联网生态的条件。三是面向重点产业链上下游及外围配套服务企业，分行业打造一批工业互联网应用场景示范标杆企业，完善"云服务券"补助和平台建设支持政策，鼓励链主型企业牵头建设综合服务类、跨行业跨领域类、特定行业领域类等工业互联网平台。

六 精准构建产业生态的政策环境

铸造等覆盖面宽、跨度大的行业，没有区分生产工艺能耗排污水平和产品档次，实施一个大行业政策，影响建链补链。山东省对轮胎行业严禁新增产能，而外省不限制，以一省之力起不到产能调控作用；由于山东省将轮胎行业列为产能过剩行业，金融机构不支持，延缓了现有企业工艺装备升级步伐；新上项目要求等量减量置换，增加了投资成本，不利于山东省龙头骨干企业做大做强。建议一是在"链长制"工作机制框架下，弥补产业链空白环节、可实现进口替代的重点项目，由"链长制"牵头省级领导和责任部门与有关职能部门联合会商，统筹产能、土地、能耗、污染物排放总量等指标，原则予以支持。二是全面梳理山东省自行制定的产能控制政策，细分产业、精准界定产能过剩行业，统筹区域能耗和环境容量指标，支持产业链关联度高、工艺先进、对生态环境影响不大且符合强度标准的高端项目建设。三是在严格执行产业结构调整政策、禁止单独建设限制类项目的基础上，对个别属于限制类产品、但属于企业生产链条不可缺少环节的项目，实行包容审慎审批。

第三节 完善提升产业链供应链价值链

一 以供给侧结构性改革为突破口，加快完善提升产业链

以实现产业链现代化为目标，聚焦产业链短板、弱项、断点，推动相关产业强链、补链、建链、保链，着力构建"以我为主"、安全可控的产业链生态，实现产业基础再造提升。

（一）加快推动优势产业"强链"

聚焦高端化工、高端装备、绿色造纸、纺织服装、食品加工、新型建材、轻工等山东省具有坚实基础的优势产业，进一步巩固产业核心优势，推进产业链向高端攀升。加快推进"现代优势产业集群+人工智能"建设，积极创建国家工业互联网示范区，深入推进"互联网+先进制造业""企业上云""工业互联网牵手"等专项行动，打造100个省级工业互联网平台，重点推动高能耗设备、通用动力设备、新能源设备和智能化设备等上云上平台，力争到2025年全省初步建成人工智能产业生态链，上云企业突破50万家，打造

"云行齐鲁"升级版。加大优势产业集群培育力度，聚焦45个"雁阵形"集群，梳理绘制"产业链图谱"，谋划实施一批类似于裕龙岛炼化一体化、山东重工绿色制造产业城的强链项目，培育一批占据价值链顶端、具有独特优势的"占山虎"企业和产业链中协同作战、生命力顽强的"草原狼"企业。组织申报一批投资规模大、技术水平高、带动能力强的重大项目，申请国家支持能耗单列，有效缓解能耗指标约束。

（二）加快推动新兴产业"补链"

山东聚焦新一代信息技术、生物医药、新材料、新能源汽车等正在加快培育的新兴产业，补齐补好缺失的高附加值环节。持续抓好7个国家级战略性新兴产业集群建设，分类精准培育形成一批千亿级、3000亿级、5000亿级甚至万亿级产业集群；支持青岛、烟台集中力量打造轨道交通、智能家电、海工装备等千亿级产业集群；支持济南、青岛建设国家工业互联网示范区。深入实施新兴产业生态培育计划，支持龙头企业通过扩能改造、项目开发、兼并重组等方式延伸产业链，支持中小企业在市场开拓、技术研发、创意设计、品牌建设等方面融入龙头企业产业链条，支持济青烟国际招商产业园等新兴产业集聚区，针对产业链薄弱环节开展补充式、填空式招引，以产业链整合带动价值链和供应链提升。

（三）加快推动未来产业"建链"

瞄准5G、集成电路、人工智能、量子通信、航空航天、前沿新材料等未来产业领域，优先在济青烟"三核"布局建设若干未来产业先导区，科学编制和制定未来产业先导区发展规划及配套政策措施，全力推动与国内外未来产业领域龙头企业的全面战略合作，招引一批引擎性项目和相关配套中小企业，"从无到有"构建一批引领现代化发展的未来产业链。加快未来产业与各行业的互动融合发展，在农业、制造、商贸、金融、通信、医疗、教育、养老等重点领域广泛开展试点示范，推动未来产业科技成果规模化应用。尽快编制区块链产业发展规划，深入挖掘区块链在工业、农业、金融等领域的应用场景,探索价值互联网、信任互联网,赋能经济高质量发展。

(四)加快推动外向型产业"保链"

建立产业链运行态势监测、预警和评估机制,全面监测外资撤离、贸易摩擦、成本上升、关键零部件断供等因素对各类产业的冲击影响,及时做好企业跟踪服务,及时为企业解难纾困,降低产业链外迁风险。防止企业外迁。聚焦电子元器件、橡胶轮胎等外资企业较多、外销比重较大、迁链转链风险较高的重点产业,开展"保链备链"布局,鼓励行业龙头企业开展国产替代和开拓多元化海外市场。加快培育开放型产业链条,建立开放型产业链招商重点项目库,紧盯世界 500 强企业,引进产业链关键环节、上下游配套企业,推动开放集聚发展。

二 以构建完整内需体系为突破口,加快完善提升供应链

以居民需求、企业需求和公共需求为导向,大力推动供应链创新、升级和应用,着力构建供应链上下游合作共赢的协同发展机制,到 2025 年基本建成全国领先、独具山东特色的现代供应链体系。

(一)打造以居民需求为牵引的消费供应链体系

进一步优化商贸流通供应链,实施城乡高效配送专项行动,完善农村物流基础设施网络布局,支持品牌快递物流企业配送末端建在乡镇,实现城乡双向物流贯通。顺应食品消费升级趋势,构建农产品仓储保鲜冷链物流体系,加强冷链物流设施建设,打造全国性农产品冷链物流节点。建立基于供应链的重要产品质量安全追溯机制,打造安全标准的产品供应链体系。鼓励住宿、餐饮、养老、文化、体育、旅游等行业建设供应链综合服务和交易平台,提升服务供给质量和效率。完善升级电商供应链,继续实施好"老字号孵化器"计划,推动老字号企业融入电商供应链。

(二)打造以企业需求为导向的产业供应链体系

抢抓全球供应链整合重塑的窗口期,开展上市公司海外并购专

项行动，引导国有资本和社会资本共同设立国际产业并购基金，推动以"十强"产业为核心、以非北美国家为目标的同业并购，帮助企业建立本地化供应链体系，便利获得境外关键技术、高端设备和紧缺资源。加快发展基于供应链的生产性服务业，支持企业向供应链上游拓展协同研发、众包设计、解决方案等专业服务，向供应链下游延伸维护检修、仓储物流、技术培训、融资租赁等增值服务，推动制造供应链向产业服务供应链转型。稳妥发展供应链金融，鼓励政府采购中心、供应链核心企业及大型供应链服务企业与人民银行应收账款融资服务平台对接，为供应链上下游中小微企业融资提供便利。持续开展好供应链创新与应用试点示范创建工作，到2025年培育打造5—6个千亿级、30个百亿级产业供应链。

（三）打造以公共需求为导向的投资供应链体系

按照"四个一批"要求，聚焦"两新一重"，加快推动新型城镇化建设和重大工程建设，加大交通、水利、能源等领域投资力度，加大农村基础设施、公共卫生服务、应急物资保障等领域补短板投资。建设更加完备、便捷的供应链通道，完善物流枢纽网络体系，推动编制《山东省物流枢纽城市发展规划》，加快建设物流枢纽铁路专用线及多式联运转运等相关基础设施，建设高质量干线物流通道网络。出台实施"新基建三年行动方案"，推进氢能源与燃料电池项目和5G基站建设，打造全国新型基础设施示范区，为建设智慧供应链体系提供支撑。在脱贫攻坚、先进制造业和现代服务业融合发展等领域规划投资布局一批供应链示范引领项目，畅通省内供需循环，支撑产业链稳定运行。持续加大重大外资项目推进落地力度，鼓励外商企业利润再投资，延伸外资企业省内供应链。

三 以提高产业核心竞争力为突破口，加快完善提升价值链

深入实施质量强省和品牌战略，坚持标准引领、质量取胜、品牌培育，全面强化企业质量管理，加快推动"山东制造"向"山东创造"转变。

（一）实施标准"硬化"行动

以先进标准"倒逼"传统产业转型升级，推动各行业加速向价值链高端攀升，构建质量竞争新优势。实施与国家先进水平接轨的质量、安全、卫生、环保及节能标准，支持企业主导或参与国内标准、国际标准、行业标准制定，推动建立覆盖全产业链和产品全生命周期的标准体系。深化国家标准化综合改革试点，完善"泰山品质"认证标准和制度体系，不断增强"山东标准"的话语权。

（二）实施质量"强化"行动

加快突破关键共性质量技术，提高计量检验检测水平，加强国家级监测与评定中心、检验检测认证公共服务平台建设。推动全省质量链建设，运用区块链技术为产品制造、流通、消费等提供全生命周期质量服务。加强质量基础能力建设，推动行业检验检测实验室向公众开放，加大面向中小企业的质量和品牌服务供给，建设一批集计量、标准、检验检测、认证等功能于一体，为企业提供"一站式"质量技术服务的 NQI（国家质量技术基础）综合服务中心。大力弘扬企业家精神和工匠精神，培育精益求精、追求卓越的质量文化。加强质量诚信体系建设，落实企业质量主体责任，严厉打击侵犯知识产权和制售假冒伪劣商品等违法失信行为。

（三）实施品牌"亮化"行动

建立与国际先进水平接轨的品牌培育、品牌管理和品牌评价体系，擦亮"好客山东""好品山东""厚道鲁商""食安山东""健康山东"等省内知名品牌。深化商标注册激励机制改革，制定支持企业运用商标权进行投资入股、质押融资、许可使用、转让等政策措施，引导各类市场主体加强商标注册，提升企业商标品牌价值。完善以政府主导、园区、集群为主体的区域品牌创建机制，通过开展培训、产业诊断、专家评查等措施，培育一批全国知名品牌创建示范区、省优质产品基地，以品牌创建塑造更高质量和效率的供给体系。

第四节　畅通金融支持实体经济渠道

客观分析，近几年山东处在新旧动能转换的阵痛期，在财政资源紧张的形势下，必须打好金融这张资金牌，特别是要充分有效利用好资本市场，畅通金融支持实体经济渠道，助力山东半岛城市群成为黄河流域高质量发展增长极。具体措施有以下六大方面。

一　抓住注册制全面推行机遇，实现山东企业上市跨越式发展

近年来，山东省新增上市公司数量连创新高，2019 年新增 18 家，2020 年以来上市、过会、核准企业达 48 家，新旧动能转换成果在资本市场得到充分体现。但同时，与广东、浙江、江苏等省相比，山东省上市公司、排队及辅导企业数量少，高新技术、高成长性企业不足的问题仍很突出。当前，全国资本市场正在实施重大改革，2021 年，以信息披露为核心的注册制全面推行，企业上市渠道更加通畅，审核速度明显加快。山东省应抓住机遇，整合资源，加大培育力度，促进上市公司质量数量进一步提升，其中，力争新增上市公司 30 家以上。

建议一是优化充实上市后备资源库。省有关部门建立联合筛选培育机制，优选"十强"产业及"四新"单项冠军、独角兽、瞪羚等企业优先纳入，将上市后备资源库企业逐步扩展到 2000 家左右。二是开展信息披露质量提升年行动。指导在库、在培、在辅导企业提升公司治理水平，规范信息披露，为加快上市奠定基础。三是争取推动深交所、"新三板"年内在山东省设立服务基地，提升对拟上市企业培育孵化能力。四是发挥省推动企业上市专项小组作用，坚持问题导向、精准服务，及早协调解决影响企业上市的土地、税收等历史遗留问题。五是组建由券商、银行、会计师事务所、律师事务所及头部 PB 等机构的上市服务联盟，采取专题培训、专项融资支持等方式，提升拟上市企业金融服务的精准性和有效性。六是

省财政按照拟上市企业申请融资规模2%的给予每家不超过200万元奖励，市县财政根据企业在辅导、审核、过会等阶段予以奖励支持，特别是对"十强"产业和"四新"经济领域上市公司加大奖励力度，助推产业升级。

二 实施"金融畅通"工程，更好地服务制造业和中小微企业

2020年以来，山东省在全国首创企业金融辅导工作，认真落实抵质押物价值重置和首贷培植、银税互动、应急转贷、应收账款质押等政策，提升中小微企业融资可得性、普惠面，努力满足企业应对疫情、复工复产、经营发展的融资需求。但金融政策传导不畅，行业信贷政策"一刀切"，中小微企业融资难问题仍很突出。对此建议如下：

一是深化金融辅导工作，畅通政策宣传和精准服务渠道。扩大辅导企业覆盖面，围绕"九大强省"突破、八大战略，将有辅导意愿、金融需求迫切的民营小微、制造业、高新技术、创新创业、外资外贸等企业纳入辅导体系，不断提升金融辅导惠及面；提升辅导精准度，探索推进辅导企业分层管理，建立需求快速反应机制，以提供信贷融资为主渠道，加大上市后备资源培育，统筹做好融资支持与多元化金融服务工作。

二是建立人民银行再贷款资金与政策性农业信贷担保精准对接机制，畅通融资担保渠道。指导地方法人银行加强与省农担公司业务合作，对符合条件的银担合作业务，由人民银行提供全额再贷款支持，合作银行为"三农"主体提供年利率不高于6%的信贷服务。

三是推动银行机构与省企业融资服务平台加快对接，畅通政务大数据支持信贷投放渠道。开展专项行动，宣传省企业融资服务平台功能作用，动员银行机构接入平台，年内实现愿接尽接。银行机构完善信贷授信模式，利用政务大数据扩大信贷投放，为市场主体提供高效便捷的金融服务。

四是加快发展供应链金融业务，畅通产业链供应链融资渠道。探索整合全省供应链融资平台，推动核心企业主动接入、及时确权

账款，与应收账款融资服务平台、动产融资统一登记系统等联动，为上下游企业提供融资服务。

五是建立完善企业"白名单"制度，畅通行业信贷政策精准落地渠道。对限贷行业内企业，坚持区别对待、有保有压，优先筛选符合国家产业政策、基本经营面好、市场有销路的企业纳入"白名单"，全部纳入金融辅导体系给予精准支持，并及时向银行机构推送，避免信贷政策"一刀切"。

六是强化地方配套支持，畅通货币政策"直达"渠道。对落实延续普惠小微企业贷款延期还本付息政策和信用贷款支持计划两项直达货币政策工具成效突出的地方法人银行，按照国家激励金额的一定比例给予奖励，调动银行支持小微企业的积极性。

三　建立全省信用债投资支持机制

截至2020年12月20日，山东省非金融企业存续债券1724支、1.46万亿元，其中，国有企业债券1520支、1.32万亿元。今年来，受省内少数民营企业债券违约风险影响，民营企业发债困难；受2020年11月10日河南永煤债券违约事件影响，山东省包括国有企业在内的企业发债和二级市场价格一度受到较大冲击。在此背景下，研究设立信用债投资专项支持基金，专项用于推动山东省企业债券发行、支持稳定二级市场交易价格，具有积极意义。恒丰银行、鲁商集团、山钢集团等均表示应积极推动。据了解，2020年9月，河北省推出国企信用保障基金，基金总规模300亿元，主要面向河北省属国有企业发行的债券，采取"应急+增信"方式提供信用保障支持。

建议一是采取政府引导、市场化运作的方式，支持推动恒丰银行会同有关法人银行和省管企业共同出资，设立首期不低于50亿元的信用债专项投资支持基金，用于在一级市场认购企业债券、在二级市场购买价值明显偏离的债券，支持企业债券发行，稳定市场价格。二是借鉴河北做法，研究论证由国有企业、政府平台公司筹资设立适宜规模的信用债应急保障基金，坚持保本微利，为公司治理良好、经营总体正常但出现暂时流动性紧张的债券兑付提供应急支持。

四 建立全省企业债券发行增信支持机制

山东省政府性融资担保公司资本规模偏小，省属担保公司注册资本最高的为省农业发展信贷担保公司，注册资本36亿元。安徽省信用担保集团注册资本186.86亿元，江苏省信用再担保集团注册资本83.7亿元。从全省看，仅青岛城乡社区建设融资担保有限公司注册资本50亿元、主体信用评级为AAA。由于资本规模小、增信能力弱，自2018年以来，山东省通过信用风险缓释凭证支持工具落地的8单、33亿元超短期融资券，均为银行创设，没有担保机构增信，也没有与中债信用增进公司的合作，债券增量扩面面临较大困难。

建议一是制订计划支持现有省农业担保公司、省投融资担保集团等国有担保公司增资至50亿元以上，争取获得AAA主体信用评级，在做好支小支农融资担保业务的同时，为山东省企业发行债券提供融资担保服务。加强与中债增进公司、中投保等全国性担保机构的对接，争取更多担保机构为山东省企业债发行提供增信支持。二是研究论证省融资担保集团牵头省级国有企业、民营资本设立山东信用增进公司，为山东省企业债券融资提供增信支持。

五 利用创投、风投基金促进科技型企业创新创业

对于初创期科技企业，创业投资是一种重要融资渠道。近年来，山东省创业投资机构数量较快增长，但也存在一些问题，特别是创投机构数量仍然偏少，广东、北京、上海、浙江、江苏私募股权创投基金分别为3349家、2821家、2293家、1818家、851家，山东省仅有417家。

建议一是发挥政府引导基金、国有创投基金、新旧动能转换引导基金的作用，进一步优化投向、加强管理，吸引金融和社会资本，重点投向科技创新、产业链供应链安全等领域，支持全省新旧动能加快转换、经济高质量发展。二是推动各级政府基金与国家结构调整基金、国家国有资本风险投资基金等国家级大基金合作设立子基金,在国家大战略下,支持山东省新旧动能转换、高新技术产业发展。三是因地制宜探索投贷联动机制,通过政府引导搭台,建立银行、证券、保险、基金、中介机构共同参与、信息共享、协同配合的投融资机制,为科技型企业提供多元化的金融服务。

六 利用基础设施领域不动产投资信托基金(REITs)

2020年4月,中国证监会、国家发改委联合发布《关于推进基础设施领域不动产投资信托基金(REITs)试点相关工作的通知》,正式启动基础设施领域的公募REITs试点工作。山东省于6月出台了贯彻落实方案。省发改委牵头对全省潜在项目进行了梳理,筛选申报了山东钢铁集团日照精品钢基地发电项目。11月,国家发改委组织第一轮公募REITs项目答辩,该项目未能入选。用好公募REITs可以有效帮助企业盘活存量、降低负债、提升管理效率。目前,山东省企业发行公募REITs面临的主要困难。一是税收负担较重。发行公募REITs产品架构复杂,在股权转让阶段,主要涉及企业所得税(25%)和印花税(0.05%),以及股权增值部分的所得税;在存续经营阶段,涉及企业所得税(25%)、增值税。目前国家尚未出台相关税收减免政策,导致发行成本较高。二是对部分行业、企业不具备成本优势,据了解,发行公募REITs综合成本在5%—6%(不包括资产转移过程中产生的税款),而山东高速等交通基础设施运营企业银行贷款成本为基准利率下浮10%左右,约4%,参与积极性不高。三是历史遗留问题影响申报。公募REITs项目要求项目权属清晰、手续完备,但许多备选项目存在历史遗留问题,无法满足发行条件。

建议密切跟踪关注全国公募REITs试点情况和入选项目运作情况,研究专项支持政策。一是加强项目筛选培育。建议省发改委建立基础设施REITs项目储备库,可由证券公司、会计师事务所、律师事务所等专业人员成立专家团队,为省筛选培育、上报项目提供专业意见,加快培育孵化一批权属清晰、收益稳定、特色突出的优质基础设施项目。同时,积极协调办理相关手续,促成资产获得合法的权属证明。二是选准近期支持重点。鉴于交通基础设施运营企业自身融资成本低的优势,山东省 REITs 项目可重点筛选支持仓储物流、水电热气等项目开展试点,尽快破题。三是建议有关部门加大奖励引导力度,对成功发行基础设施 REITs 产品的项目,根据募资额给予一次性补贴。四是建议积极向国家反映,争取国家支持出台 REITs 的相关税收减免政策。

第八章　打造国内国际双循环战略枢纽

习近平总书记指出,"有条件的地方要发挥比较优势,率先探索有利于促进全国构建新发展格局的有效路径"。作为黄河流域的发展龙头,山东具备这种条件,完全有责任、有能力打造国内国际双循环战略枢纽,主动融入和服务新发展格局。

第一节　突出释放内需潜力

习近平总书记指出,"我们要坚持供给侧结构性改革这个战略方向,扭住扩大内需这个战略基点,使生产、分配、流通、消费更多依托国内市场,提升供给体系对国内需求的适配性,形成需求牵引供给、供给创造需求的更高水平动态平衡"。我国超大规模的市场优势和内需潜力,是我国激活疫后经济、实现快速重启的重要抓手,也是经济稳中向好、长期向好的重要保障,更是加快形成拉动我国经济增长持久动力,推动高质量发展的重要基点。目前,消费已连续6年成为我国经济增长第一拉动力。2019年,全国社会消费品零售总额达到41.2万亿元,最终消费支出对国内生产总值的贡献率为57.8%。内需,特别是消费,已经成为我国经济稳定运行的"压舱石"。"十四五"时期,国内市场主导国民经济循环特征会更加明显,要突出释放经济增长的内需潜力,以畅通国民经济循环为主,改善消费环境,增强消费能力,促进居民消费,扩大消费规模,加快构建"以国内大循环为主体、国内国际双循环相互促进的新发展格局"。

一 山东省居民消费基本情况

"十三五"时期，山东省消费市场呈现总体稳定发展态势，消费对经济增长的基础性作用得到有效发挥，2019年，山东省社会消费品零售总额35770.6亿元，较上年增长6.4%。其中，餐饮收入4128.9亿元，增长9.7%；商品零售31641.7亿元，增长6%。一是乡村振兴战略助力农村市场潜力释放。2019年，山东省城镇市场零售额28386.7亿元，增长6.2%；乡村市场零售额7383.9亿元，增长7.2%，高于城镇1个百分点，高于社会消费品零售总额增速0.8个百分点。二是消费升级引领智能商品高速增长。在消费升级趋势引领下，科技含量高的新型商品需求强劲，2019年，可穿戴智能设备、新能源汽车分别增长37.8%和63.2%，能效等级1、2级商品增长9.2%，均大幅高于限额以上及社会消费品零售总额增速。三是网络零售快速发展。2019年，山东省实现网上零售额4109亿元，增长15.8%。其中，实物商品网上零售额3445亿元，增长19.6%，增速高于全国0.1个百分点，高于山东省社会消费品零售总额13.2个百分点，对社会消费品零售总额增长贡献率达27.5%。四是文旅活动、夜经济助推餐饮市场走旺。2019年，山东省餐饮收入额增速高于零售总额3.3个百分点。服务型餐饮适应时代发展、快节奏生活和个性化需求，保持较快增长。山东省限额以上餐饮配送、外卖送餐服务营业额分别增长24%和89.5%。五是常态化疫情防控形势下消费稳步回升。今年以来，山东省有效应对疫情冲击，加速推进企业复工复产、复商复市，消费动能逐步释放，消费市场持续回暖。7月当月山东省社会消费品零售总额增长2.7%，实现由负转正。前7个月累计14859.3亿元，下降7.8%，降幅较上半年收窄1.7个百分点。线上消费增长提速，前7个月，实物商品网上零售额增长16.9%，较上半年提高2.6个百分点。实施"优质鲁货与电商平台对接工程"，"双品网购节"实现网络零售额158亿元。举办"2020惠享山东消费促进季"专项活动，指导各市发放消费券

3.56亿元，拉动消费14.79亿元。预计2020年山东省社会消费品零售总额与去年持平，争取达到增长2%的水平，冲刺增长4%的目标。

二 山东省居民消费面临的总体形势

"十四五"时期是我国全面建成小康社会、实现第一个百年奋斗目标之后，乘势而上开启全面建设社会主义现代化国家新征程、向第二个百年奋斗目标进军的第一个五年，我国将进入新发展阶段。消费是最终需求，是生产的最终目的和动力，也是人民对美好生活需要的直接体现。"十四五"时期，在消费环境持续改善、减税降费及促消费政策逐步显效等因素带动下，居民消费需求将进一步释放，新业态新模式将保持持续较快发展，消费市场总体上将继续保持平稳。

（一）消费整体规模将不断扩大

2019年，我国社会消费品零售总额411649亿元，增长8.0%。其中，按消费类型分，餐饮收入46721亿元，增长9.4%；商品零售364928亿元，增长7.9%。2019年，美国社会消费品零售总额62375.57亿美元，上涨3.6%。其中，零售消费54675.8亿美元，食品消费7699.77亿美元。根据国家外汇局2019年中美汇率数据推算（人民币兑美元平均汇率约为6.8985∶1），2019年中国社会消费品零售总额比美国少2703.32亿美元。中美消费规模差距从2017年的3400亿美元，缩小至2018年的2800亿美元，又进一步缩小至2700亿美元左右，2019年我国消费规模相当于美国的95.67%，日益接近。从消费潜力看，2019年我国居民人均可支配收入30733元，居民人均消费支出21559元，我国消费者消费倾向为70.15%，农村居民的消费倾向高达83.19%。从长期角度，我国消费市场将成为全球最大的国内市场。全国居民人均消费支出中，服务性消费支出占比45.9%，较上年提高1.7个百分点，"十四五"时期，消费结构中的服务消费占比将会稳步提升。2019年，全国居民人均可支配收入超过3万元，增速基本与GDP一致，为消费进一步成为经济增长新动能提供了保障。目前,我国中等收入群体超过 4 亿人,未来 15 年可能翻番至 8 亿人,消费潜力巨大。我国总消费率和居民消费率均显著低于主要发达经济体和新兴经济体,未来消费率仍存在上升空间。

(二)消费升级提质态势将更加突出

2019 年,全国居民恩格尔系数为 28.2%,较上年下降 0.2 个百分点。"十四五"时期,消费结构升级优化的整体态势不会改变,将逐步向智能化、虚拟化、绿色化转变。目前,初级智能产品已渗入居民日常生活,并带来生活习惯和消费习惯的改变,将催生企业加快发展相关新兴产业。现阶段网购是消费环境虚拟化转变的具体表现,"十四五"时期,随着 5G、大数据、互联网等技术的发展成熟以及与产业融合程度不断加深,科技将虚拟出具体消费场景,消费者通过虚拟场景实现相应的挑选、购买与支付过程,消费环境虚拟化有望成为普遍现象。随着健康理性消费文化的逐步形成,绿色消费意识被人们广泛接受,将引领消费新风尚,推动实现绿色低碳循环发展。

(三)消费生产循环将更加顺畅

在新发展格局下,将把满足国内需求作为发展的出发点和落脚点,继续巩固消费稳健增长的良好态势,加快构建完整的内需体系,发挥消费需求对供给侧结构性改革的引领作用,促进产业转型升级,改善产品供应结构,驱动国内市场做大做强。加快建立统一开放、竞争有序的现代市场体系,全面实施市场准入负面清单制度,稳定畅通产业链供应链,打通国内市场和生产主体的循环,实现各类要素在全国自由流动。更加注重以消费升级引领供给创新、以供给提升创造消费新增长点,不断增强内外循环动力,实现更高水平的供需平衡。

但也要看到,当前制约消费扩大和升级的障碍仍然比较突出,主要有以下 6 个方面:一是城乡消费规模差距较大。2016 年至 2019 年,山东省乡村社零额比城镇社零额增速分别快 0.8、0.6、1.2 和

1个百分点,但受乡村社零额基数小因素影响,2019年山东省城镇社零额仍为乡村社零额的3.8倍。二是国内外消费发展不平衡。2019年上半年,我国境外旅行支出1275亿美元,出境旅游中购物的消费占消费支出一半以上。据商务部统计,2018年,我国居民境外购买免税商品总体规模超过1800亿元,占全球免税市场销售额的34.8%。三是整体消费环境不够优化。城市社区便民服务体系不完善,如2019年济南市13627人、青岛市10894人拥有1家便利店,而上海市3192人、广州市3005人拥有一家便利店;中高端消费载体平台发展不足,山东省仅1条步行街获批国家第二批步行街改造提升试点;农村流通设施较为薄弱,农产品流通成本高、效率低、损耗大,消费环境亟待改善。四是商品消费增速趋缓。"八五""九五""十五""十一五""十二五"时期,山东省社零额与基期相比,年均增速分别为28.1%、15.6%、13.6%、18.9%和12.8%。进入"十三五"后增速逐年下滑,2017年进入个位增长区间,当年增幅为9.8%,2018年降至8.8%,2019年降至6.4%。五是消费热点拉动作用减弱。当前,城乡居民正处在消费升级的转型期,中低端消费已趋饱和,叠加经济下行压力加大、居民收入增速放缓、消费预期减弱、生活成本上升等多种因素,汽车、住房、家电等上一轮引领消费升级的热点增速正逐步回落。六是供需匹配度有待提高。消费转型升级与供给侧结构性改革精准对接仍需发力,健康、养老、家政、休闲、娱乐等生活性服务产品供给滞后,服务消费供给能力不足;"山东品牌"产品推介缺乏长效机制,2019年,山东省实物商品网上零售额占社会消费品零售总额比重为9.6%,低于全国11.1个百分点,线上消费仍需发力;"首店经济"、步行街等消费业态模式发展不足,传统百货、超市业态转型升级步伐较慢,差异化经营水平低,缺乏"名品进名店""名店销名品"消费引领效应。

三 山东半岛城群释放消费潜力、扩大居民消费的具体路径

(一)持续活跃消费市场,推动城市消费提质升级

把握城市消费工作重点,着力在搭建消费新平台、发展消费新

模式、实施促消费新举措上下功夫，提升城市消费层级。

1. 推动消费商圈引领，加快步行街改造提升。2020年4月22日，习近平总书记在西安大唐不夜城步行街考察时强调，在科学防控疫情的前提下，有序推动各类商场、市场复商复市，努力恢复正常生活秩序。2021年《政府工作报告》对改造提升步行街提出明确要求。7月3日，省政府办公厅印发《山东省推动步行街改造提升行动计划》。要抓好步行街改造提升"小切口"，做好实施扩大内需战略、释放消费潜力"大文章"。

一是当好经济复苏的排头兵。步行街品牌集聚、知名度高，是恢复市场人气、激发经济活力的排头兵、风向标。在常态化疫情防控条件下，充分发挥步行街的平台和引领作用，组织各类街区、商圈和商户科学有序开展促消费活动，努力将疫情造成的影响降到最低。

二是打造城市消费升级的新平台。步行街客流量大、需求多元，要推进街区内实体零售等传统业态转型升级，促进线上线下深度融合。将步行街发展与历史文化传播、旅游购物消费相结合，传承历史文脉，挖掘文化内涵，塑造有历史记忆、文化脉络、中国特色、地方特点的步行街。发挥消费引导生产作用，推广中国制造、山东品牌、优质服务，以消费升级带动产业升级。

三是建设扩大开放的新窗口。步行街既是我国优质品牌的集聚地，也是国外知名品牌进入中国市场的首选地。进一步发挥步行街窗口作用，积极培育山东特色品牌和老字号品牌，加快引进国外知名品牌，实行名品名店名街名区联动，引领消费升级。大力发展离境退税、市内免税、跨境电商、出口产品转内销等，使步行街成为国内外品牌竞技、境内外游客选购的重要平台，成为展示扩大开放政策、分享中国市场红利的重要窗口。力争用3年左右的时间，每县（市、区）建设培育不少于1条步行街或特色商业街，每市重点打造2—3条市级示范步行街，山东省培育30条左右省级示范步行街。同时，在不具备人车分流条件的特色商业街中，山东省重点培育50条左右省级示范特色商业街。

2. 壮大消费新增长点，推动新型消费扩容提质。2020年以来，疫情倒逼消费新业态新模式快速发展。省内老字号餐馆、大型餐饮企业主动"触网"，增设外卖窗口，入驻云餐平台；电商、快递企业先后推出"线上自选＋无接触配送""定点直供社区""安心团餐＋定点供应""生鲜农产品社区前置仓"等新模式，打通末端配送"最后一百米"，在满足居民生活需求的同时，有效助力疫情防控。

一是培育特色消费方式。坚持线上线下互动，完善"互联网＋"消费生态体系，创新无接触消费模式，推进互联网和消费业态深度融合。积极培育网络消费、定制消费、体验消费、智能消费、时尚消费等新热点，支持与消费者体验、个性化设计、柔性制造等相关的产业加快发展。推广在线开放课程、互联网诊疗等服务。促进健身、旅游等线上线下融合。顺应特色化消费兴起趋势，针对女性、婴幼等潜力消费市场，大力发展"她经济""童经济""单人经济""银发经济"等。

二是积极创新传统商贸。聚焦首店经济、小店经济、夜间经济，推进传统业态创新转型，提升购物、餐饮等传统业态，增加体验式、互动式新兴业态，深化商旅文体联动，让消费者既有物质上的收获，也有精神上的享受。引导中小百货大楼向邻里型社区购物中心转型，优化商贸物流设施空间布局。整合城市社区资源，兼顾公益性和商业性，建设一站式社区便民消费服务中心，打造"15分钟便民生活服务圈"。加快发展连锁便利店，探索智慧超市等新零售业态。鼓励有实力、有意愿的大型商业零售企业在中小城市开展连锁网点建设，促进适应当地市场需求的品牌商品销售。

三是大力发展绿色消费。坚决制止餐饮浪费，深入开展"光盘行动"，推广绿色餐饮，遏制舌尖上的浪费。引导企业增加绿色有机食品供给，保障食品安全。积极创建绿色商场，鼓励销售绿色产品，拒绝过度包装。全面推行"互联网＋回收"新模式，加快电子产品、家用电器等废旧物品回收，带动耐用消费品消费升级。发展二手汽车消费，促进废旧汽车报废回收。

四是积极促进国际消费。发挥好中国国际进口博览会作用，组织国内采购商与国外供应商对接，扩大进口空间，培育中高端消费新增长点。支持开展保税展示交易业务，积极发展进境口岸免税店，吸引境外消费回流。优化省内离境退税服务网点布局，鼓励增设退税商店。建立省级跨境电商促进体制机制，支持大型电商平台企业与跨国零售商、国际知名品牌企业开展合作，加快推进7个国家级跨境电商综试区建设，促进跨境电商与直播电商融合发展。扩大生活服务业开放，引进国外优质特色商品和服务。将内外销产品"同线同标同质"工程实施范围逐步由食品农产品领域向消费品等其他领域拓展，支持适销对路的外贸企业产品出口转内销。支持济南、青岛培育建设国际消费中心城市。

五是深化包容审慎监管。适应网络经济、平台经济、共享经济等快速发展需要，持续加强有效制度供给，提升相关市场主体整合资源、对接供需、协同创新功能，孕育发展消费新业态新模式。深入推进"放管服"改革，简化相关证照办理，落实促进新业态新模式带动新型消费的税收政策，鼓励金融机构创新措施降低移动支付费用成本。促进新业态新模式从业人员参加社会保险，强化灵活就业劳动保障，支持企业开展"共享用工"。突出风险控制，加强事中事后监管，构建政府主管部门、行业组织、企业和消费者等多元主体共同治理的消费生态体系。

3. 激发居民消费潜力，积极开展扩消费活动。2020年以来，为释放需求、扩大消费，全国各地积极有序打造消费促进平台、活跃消费市场。江苏省突出省市县、政银企、线上下、内外贸"四个联动"，促进市场回暖和消费回升。近期，山东省与中央广播电视总台合作开展"新消费爱生活——山东消费年"活动。启动仪式上，3位央视名嘴泉畔开播，刷新了央视新闻客户端直播带货销售历史榜单——3个小时的直播，32款山东好物，买遍中国山东站实时销售数据高达 14.57 亿元。"十四五"时期,要根据疫情防控中涌现的消费新模式新需求,结合传统消费旺季和网络热购时段,制定完善整体规划,分时分类搭建贯通全年、吸聚人气的消费促进系列活动平台。积极组织行业协会、大型零售商、电商平台和快递物流等企业,顺应便利居家办公、丰富宅家生活、供需零距离对接等消费新理念,聚焦消费传统热点和新兴领域,创新举办线上线下深度融合的促销活动。鼓励企业通过网络促销扩大影响,带动实地消费。有条件的地方依法依规、公开公平组织面向特定群体、特定商品、特定领域推出形式多样的消费券,分层引导消费需求,激发各方参与热情。

(二)有效启动农村市场,拓展扩大农村消费

顺应新时代乡村消费特征,加快补齐农业农村发展短板,畅通消费渠道,拓展农村市场,让农民有更多实实在在的获得感、幸福感、安全感。

1. 大力发展农村电商。近年来,山东省实施"电商进村"工程,着力推进农村产品上行,农村电商在带动农村产业结构调整、增加农民收入、提升农村地区消费水平等方面发挥了积极作用。下一步,应立足山东农业大省实际,加快发展县域电商产业园,增强电子商务示范基地产业集聚和创新孵化功能。大力培育农产品网店,鼓励发展网红直播等新模式,深入挖掘特色优质农产品,完善产品追溯体系,加大品牌培育,集中展示销售,加强与知名电商平台合作,发展农产品直采基地,促进山东省"三品一标"和特色农产品网络销售。扎实推进电商进农村综合示范,扩大国家电子商务进农村综合示范范围,开展网货、品牌、企业、人才孵化培育,推动有潜力的传统企业销售转型升级,培育本地电商生态。完善电子商务民生服务体系,推进电子商务与传统产业加速融合,促进农民电商创业就业,助力精准扶贫和乡村振兴。

2. 畅通城乡双向流通渠道。发挥商务工作联通内外、贯通城乡、对接产销的优势,加快农村商贸流通数字化升级,积极推动

"农产品进城、工业品下乡"。创新拓展农商互联"五联五通",加强农商互联农产品供应链,推动骨干农产品批发市场、菜市场发展,促进产销衔接,畅通农产品流通网络。落实《关于加快农村商业体系建设扩大农村消费的若干措施》,建立城乡统筹、配置合理、相互促进的农村商业基础设施体系。支持大型商贸物流企业到农村布局商业网点,重点商贸企业在农村新建改造直营连锁超市、乡镇商贸中心,提升农村商业网点、物流基础网络、农村电商、冷链物流等设施水平。建立完善山东省农商互联项目库,开展农商互联项目建设,组织农产品分拣、加工、包装、预冷、仓储等设施升级改造,构建新型农产品供应链条。积极推动供应链体系建设试点、城乡高效配送专项行动,健全以县域物流配送中心、乡(镇)配送节点、村级公共服务点为支撑的农村配送网络。推动商贸流通、交通运输、邮政、快递、供销合作、第三方物流等企业向农村延伸,在县域、城乡接合部及村镇布设智能快件箱,打通下乡"最后一公里"。

3. 优化农村市场供给。积极引导企业开发适合农村居民消费的品牌商品,优化消费供给,开展适销对路的品牌商品、品质消费活动。出台以旧换新、税收优惠等支持补贴政策,鼓励智能家电、新能源汽车等生产流通企业下沉村镇市场,开展巡回展销,注重利用互联网方式优化补贴手段和范围,提升实施效率。积极活跃农村节日消费,组织商贸企业赴乡镇开展送年货下乡、中秋特色商品展销等活动。鼓励大型连锁超市在农村布局发展连锁化、品牌化便利店。探索创新符合国家政策、贴近农村实际的教育、医疗、养老等消费热点,推动生活服务下乡,满足农村多元消费需求。推进实施农村以及边远地区、海岛等区域基础网络完善工程,为农村扩大和升级信息消费提供支撑。

(三)深化改革创新,改善居民消费能力预期

坚持用改革的办法扩大消费,依靠改革创新破除制约消费扩大升级的体制机制障碍,深挖国内需求潜力,拓展扩大最终需求。

1. 解决"能消费"的问题。一是提升城镇化水平。新型城镇化是扩大内需、调整产业结构的重要驱动力，是统筹城乡发展的有效途径。截至2018年年底，山东省常住人口城镇化率达到61.18%，排名全国第11位。根据发达国家经验，当城市化率达到75%—80%，城市化进程才进入尾声，以此衡量，山东省上升空间很大。"十四五"时期，应聚焦"抓好已在城镇就业的农业转移人口落户工作"要求，持续深化户籍制度改革，全面取消城镇落户限制，使更多在城镇稳定就业生活的农业转移人口落户定居，以生活方式改变、收入水平提升带动扩大消费。

二是推进收入分配制度改革。短期看，全力落实"六保"任务，保住居民就业、基本民生和市场主体，为扩大内需、促进消费提供源头活水。长期看，完善有利于提高居民消费能力的收入分配制度，增加低收入群体收入，扩大中等收入群体。完善企业工资分配的宏观指导制度，依法推进工资集体协商，建立反映人力资源市场供求关系和企业经济效益的工资决定机制和正常增长机制。健全知识、技术、管理、数据等生产要素由市场贡献评价，按贡献决定报酬的机制，推动收入分配向一线职工、关键岗位、核心人才和高层次人才倾斜。

三是全力促进农民增收。深化农村集体产权制度改革，盘活农村集体资源资产，建立健全集体资产监督管理机制，发展壮大农村集体经济，保障农民集体资产股份权利。坚持"土地公有制性质不改变、耕地红线不突破、农民利益不受损"3条底线，深化农村土地制度改革，稳步推进农村集体经营性建设用地入市。抓好农民合作社和家庭农场两类农业经营主体发展，完善"农户+合作社""农户+公司"利益联结机制，健全农业社会化服务体系，实现小规模农户与现代农业发展有机衔接。实施齐鲁乡创计划，推动农村发展休闲农业和乡村旅游，抓好现代农业产业园等平台载体建设，为乡村就业、农民增收提供更多机会。

2. 解决"愿消费"的问题。一是促进供需更高水平的平衡。坚持供给侧结构性改革方向不变，围绕旅游、文化、健康、养老、家政、教育、培训、托幼等领域，明确改革路径，放宽市场准入，创新业态模式，推进服务消费持续提质扩容。聚焦居民吃穿用住行等实物消费升级方向，在保证基本消费经济、实惠、安全的基础上，培育中高端消费市场，适应居民分层次多样性消费需求，形成若干发展势头良好、带动力强的消费新增长点。突出企业主体地位，引导企业以市场需求为导向推动技术创新、产品创新、模式创新，培育更加成熟的消费细分市场，激发企业培育品牌的内生动力。

二是加快建设全国统一市场。积极推动国家消费税立法，更多地将税收收入放在消费环节，推动政府部门更加关注培育建设消费市场。落实中共中央国务院《关于新时代加快完善社会主义市场经济体制的意见》，消除所有制歧视，全面实施公平竞争审查制度，强化竞争政策作用，打破地域分割、市场分割和地方保护主义，加快建立全国统一、开放、竞争、有序的市场体系，形成供需互促、产销并进的良性循环，塑造市场化、法治化、国际化营商环境。

三是加强消费运行监测和宣传引导。优化完善市场运行和流通发展服务平台，密切跟踪消费市场动态，深入分析影响，科学研判走势，制定应对政策措施。定期组织召开消费形势或相关消费领域专题信息发布会，及时发布消费发展信息，增强社会信心。倡导绿色消费理念，将其纳入全国节能宣传周、全国科普活动周、全国低碳日、世界环境日等主题宣传教育活动，营造绿色消费良好社会氛围。

3. 解决"敢消费"的问题。一是推进基本公共服务保障。目前，农村社会事业发展与城市的差距较为突出，一些优质的教育、医疗资源尤其是公共服务设施，集中分布在城市。城市方面，教育、住房、医疗等基本公共服务不足在一定程度上抑制了消费需求。要加快推进基本公共服务均等化，健全完善社会保障体系，提高医疗保险保障水平，全面推开大病保险，统筹推进社会救助体系建设等，让群众的养老、子女教育、医疗、住房等问题得到有效保障，解决消费者的后顾之忧，实现放心消费、安心消费。

二是提升金融服务质效。进一步提升金融对促进消费的支持作用，在风险可控、商业可持续、保持居民合理杠杆水平的前提下，加快居民消费信贷管理模式和金融产品创新，加大对重点消费领域的支持力度，不断提升消费金融服务的质量和效率。引导商业保险机构加大产品创新力度，开发有针对性的保险产品。结合生态环保、民生服务、冷链物流、县城公共设施、市政和产业园区等重点支持方向，积极争取地方政府专项债券支持商贸流通业补短板、促消费、惠民生。

三是建设放心消费环境。积极创建诚信商场、诚信市场、诚信电商。安全有序推进消费数据商用。建设信用评价奖惩机制，完善消费领域信用信息共享共用机制。完善个人信息保护制度和消费后评价制度。加强12315行政执法体系和消费者维权信息化建设，形成线上线下相结合的消费者维权服务体系，畅通消费者维权渠道。推进"放心消费在山东"创建活动。加强国内、省内重要产品及进口产品质量追溯体系建设。依法打击侵权假冒、坑蒙拐骗、泄露隐私等行为，营造安心放心诚信的消费环境。

第二节　加强流通体系建设

一　新发展阶段流通工作的重要意义

2020年山东的流通工作，一季度重点是稳价保供，进入二季度开始抓复工复产、复商复市，下半年在疫情防控常态化情况下，聚焦拓市场扩消费，在各个不同阶段，根据省委省政府部署，采取了一系列有效措施，整个市场运行逐月向好，并且好于预期、好于全国。10月，山东省社会消费品零售同比增长10.3%，增幅比全国高6个百分点，较7、8、9三个月份分别高7.6个、5.5个、2.2个百分点，甚至高于2019年当月5.1个百分点.1—10月，累计实现社零额 2.3 万亿元，同比下降 2.8%，降幅比前三季度收窄 1.7 个百分点，好于全国 3.1 个百分点，比江苏、浙江、广东分别高 1 个、1.2 个和 5.5 个百分点。"十四五"时期的流通工作，要放在以下几个大的背景下思考谋划。

一是新发展格局的构建。构建以国内大循环为主体、国内国际双循环相互促进的新发展格局，是与时俱进提升我国经济发展水平的战略抉择。"十四五"时期，国内市场主导国民经济循环特征会更加明显。构建新发展格局，必须坚持扩大内需这个战略基点，突出释放经济增长的内需潜力，特别是要发挥国内超大规模市场优势，努力扩大消费。一方面，消费作为最终需求，在国内大循环中有"稳定器""压舱石"作用，另一方面，与投资相比，我们的消费率偏低，是扩内需的短板弱项。特别是受疫情影响，需求端受到抑制，呈现出需求恢复慢于供给、消费恢复慢于投资的态势。

二是现代流通体系建设。2020 年 9 月 9 日，习近平总书记主持召开中央财经委员会第八次会议，研究畅通国民经济循环和现代流通体系建设问题。总书记强调，流通体系在国民经济中发挥着基础性作用，构建新发展格局，必须把建设现代流通体系作为一项重要战略任务来抓。强调流通体系的基础作用，并将其上升为国家的战略高度，这在我国应该是首次。扩消费是一个系统工程，最终取决于居民收入水平的提高，社会保障水平的完善，这是前提和基础，但流通具有引导、促进、扩大消费的作用，这个作用能否发挥得好，关键要看是否有一个完善的能够满足城乡居民便捷、便利消费的现代流通体系，构建全品类、全要素、全渠道、全流程的流通体系，是内贸流通的重要职责，是主责主业。

三是供给侧结构性改革。深化供给侧结构性改革，是"十四五"时期经济社会发展的重要指导思想，党的十九届五中全会通过的《中共中央关于制定国民经济和社会发展第十四个五年规划和二〇三五年远景目标的建议》提出，要把实施扩大内需战略同深化供给侧结构性改革有机结合起来，以高质量供给引领和创造新需求。

流通作为生产与消费的桥梁和纽带，一头连生产，一头连消费，承担着需求侧与供给侧改革的双重任务。当前内贸流通面临的突出矛盾和问题是，面对城乡居民消费理念、消费方式、消费行为、消费层次、消费结构的一系列深刻变化，供给端存在诸多不适应，供需不匹配，不能更好地满足城乡居民方便、放心、安全、实惠、品质、绿色、服务等新的消费需求。之所以要重视和加强流通供给侧结构性改革，主要是基于消费需求的新变化，以改革推动完善供给体系、改善供给结构、优化供给环境、提高供给质量和效率，这实质上也是消费需求的新变化，对内贸流通结构性改革的一种倒逼。

四是全面促进消费。这是党的十九届五中全会的新提法，全会通过的规划建议提出，要增强消费对经济发展的基础性作用，顺应消费升级趋势，提升传统消费，培育新型消费，发展服务消费，适当增加公共消费。全会明确提出，要推动汽车等消费品由购买管理向使用管理转变，就是要着眼汽车流通全链条，畅通新车销售、二手车交易、机动车报废、汽车进出口等内外循环，积极发展汽车后市场，打造汽车消费新增长点。2020年11月18日国务院常务会议专题部署提振大宗消费、重点消费和促进释放农村消费潜力，会议提出，要稳定和扩大汽车消费，鼓励各地调整优化限购措施，增加号牌指标投放，开展新一轮汽车下乡和以旧换新，加强停车场、充电桩等设施建设等。同时，作为实物消费的另一个大类，家电家具家装消费也再度成为关注点，提出将鼓励有条件的地区对淘汰旧家电家具并购买绿色智能家电、环保家具给予补贴。

构建新发展格局，建设现代流通体系，深化供给侧结构性改革，全面促进消费，这些国家层面的战略重点，一方面为"十四五"时期内贸流通工作指明了方向，提出了新任务、新要求；另一方面内贸流通工作也将进一步得到重视和加强，所面临的政策环境会更加有利。当前消费市场运行面临的有利条件很多，社零额呈明显回升态势，有望实现较快恢复性增长，但同时要看到一些不利因素，第一，疫情影响仍将持续。国外疫情仍在蔓延，国内零星散发和局部疫情不时发生，外防输入、内防反弹压力依然很大，这种不确定、不稳定性对流通、消费都将带来很大影响。第二，消费预期不稳固。企业尤其是小微企业和个体工商户生产经营困难，城乡居民收入增长趋缓，居民消费信心不足，储蓄意愿增强，消费意愿趋弱。第三，缺乏新的消费热点。上一个消费周期，住房、汽车对拉动消费发挥了巨大作用，目前拉动力明显减弱，但新的拉动力强的消费热点没有形成。当前消费需求已经和正在发展变化，个性化、多样化、体验性消费渐成主流，但这些变化只是一个趋势，目前正处在转型升级的过程中，要真正实现由传统消费向新的消费需求的转变还有一个过程。在完成趋势转变过程中，消费难以出现爆发式增长。

二　山东流通工作的问题与短板

当前，山东流通工作最大的短板和弱项是流通供给与新的消费需求不适应、不匹配，主要体现在以下四个方面。

（一）供给体系不够完善

体现在流通网络建设方面，难以满足城乡居民快捷、便利消费的需求。商业网点规划落实难，商业设施布局不合理，特别是农村流通网络不健全，商品"双向"流通渠道不畅，农村物流"最先一公里""最后一公里"的瓶颈制约问题尤为突出；城市社区商业发展滞后于商业中心、次中心，特别是社区菜店、便利店、快餐店等大众生活必备业态缺失。近些年的"创城创卫"，一些城市大面积"拆危拆临"，导致矛盾进一步加剧。如便利店饱和度，广州每3005人、南京3202人、杭州7725人拥有1家便利店，而济南每13628人、青岛10894人拥有1家，不仅饱和度不够，而且档次低，711、全家等知名品牌便利店，在山东省落地的很少。高端消费群体有需求，但没有满足高端消费的商品和场所，这是促进消费升级面临的又一突出问题。

（二）供给结构不够合理

在消费结构已明显由商品消费向服务消费转变的过程中，健康、养老、家政、休闲、娱乐等生活性服务产品供给滞后，服务消费供给能力不足，标准化程度低，质量水平不高。围绕品质消费、个性消费、多元消费新需求，商品供给能力有待进一步提升，缺乏名优特新、老字号、地方特色小吃等"山东品牌"产品推介的有效模式和长效机制。传统百货、超市业态转型升级步伐慢，差异化经营水平低，缺乏"名品进名店""名店销名品"的消费引领效应。随着部分消费群体对夜间消费需求的增加，相当一部分城市的夜间经济发展滞后，缺乏消费载体和场景。满足居民集聚消费的商旅文融合的特色街区、商圈有待进一步提升。

（三）供给效率不够高

主要体现在传统经营模式所带来的流通环节多、路径长、成本高等方面，难以满足城乡居民实惠消费的新要求。如果菜等鲜活农产品流通，从产地到最终消费，至少经过经纪人—产地批发—销地批发—零售终端等环节才能进入市民的"菜篮子"，中间要经过七八次的装卸过程。由于冷链物流发展滞后，鲜活农产品损耗率高达20%—25%，而发达国家只有5%左右。流通成本较高，商业实际用电价格平均为1.0137元/千瓦时，比基准价0.7603元/千瓦时高0.2534元；流通业用地以"招、拍、挂"方式出让，拿地价格远高于工业。

（四）供给环境需进一步优化

流通领域缺乏严格的市场准入制度，流通企业"小散乱"带来自律不足，交易行为不规范。农产品、工业品和生产资料中的不合格产品、假冒伪劣等问题不同程度存在，群众对食品安全问题的关注日益突出，净化市场环境、促进安全消费任务艰巨。另外，内贸流通管理手段缺乏，法规体系不健全，政策法规有待加强；流通产业公益属性被忽视，缺乏与产业定位相配套的产业政策。

三　山东半岛城市群加强流通体系建设的措施

流通工作总体上应该是紧紧围绕构建新发展格局这一战略部署，以深化流通供给侧结构性改革为主线，以推进现代流通体系建设为重点，完善供给体系、优化供给结构、提高供给质量，全面促进消费。

一是抓流通载体建设。现代流通体系是促进城乡居民便捷消费、便利消费、品质消费的载体和平台。目前，商务部推动的重点是步行街改造提升、国际消费中心城市培育、高品质便利店建设等。从山东省情况看，除抓好商务部推动的重点工作外，城市要重点关注社区商业的发展，从完善功能入手，打造一刻钟便民生活服务圈。这中间，要重点研究解决商业配套设施预留问题，并通过回购回租等方式，搞好社区超市、便利店、菜市场等一些必备业态的布局。农村要适应城镇化建设进程，切实加强农村社区、小城镇商贸服务中心建设，并引导推动骨干流通企业实施超市下乡战略，下沉渠道，做深做细农村市场。2020年11月18日的国务院常务会议提出要以扩大县域乡镇消费为抓手带动农村消费，支持建设立足乡村、贴近农民的生活消费服务综合体。

二是抓流通主体培育。企业是拓市场扩消费的主体。2020年的疫情防控再次证明，关键时刻的应急保供还是要靠大企业，疫情防控转入常态化后的促消费也是一些流通骨干企业、重要平台在发挥着重要作用。流通骨干企业是一个地区流通竞争力的集中体现，是流通新业态、新模式等推广应用的重要载体，因此，要重视和加强流通大企业的发展，把推动流通大企业转型发展作为流通行业转型升级的重点，支持流通大企业实施品牌、管理、发展模式、流通方式以及经营方式创新，在下一步的工作中，要分行业培育一批行业领军企业、标杆企业，如零售业百强、生活服务业（餐饮、家政）百强等，建立重点农产品批发市场联系制度等，并把这些企业紧紧抓在手上，建立定期调度、分析制度。

三是抓供给质量提升。从优化供给结构入手，创新优质商品服务资源供给。围绕扩大服务消费，在八大类生活服务业中，要突出重点，切实加强住宿、餐饮及家政服务业的发展。特别是餐饮业，山东拥有近4000亿元的市场规模，全国第一大餐饮市场，约占社零额的11%，要把"齐鲁名吃"品牌叫响、名片擦亮。围绕升级传统消费，要将着力点放在汽车、家电、家具等大宗商品消费上，密切关注国家出台的促进汽车、家电、家具消费的政策措施，借助一些新政的出台，联合生产商、平台公司搞好系列配套促销活动，推动对社零额拉动作用大的大宗商品消费。围绕培育新型消费，要扩大跨境电商保税进口业务，支持一些城市在一些场站设立免税店。借鉴北京、上海等地做法，研究制定"首发经济"评价标准，出台支持新品首发政策，支持首店首发经济发展。围绕促进品质消费，继续推动老字号传承创新与发展，结合步行街改造提升，建设一批老字号特色街、集聚区，打造好老字号直播基地，办好第五届老字号博览会，组织好品牌中华行，推动老字号进机场、进高铁、进服务区、进免税店，拓展品牌推广渠道。

四是抓促销活动组织。高端消费靠服务，中低端消费靠促销。不同形式、不同层次的促销活动，对扩消费有着积极的促进作用。特别是后疫情时期，面对居民消费意愿不强的状况，通过多种形式的促销活动，提振消费信心显得尤为必要。今年启动的消费年以及在不同节点围绕不同主题组织的促销周、消费季等活动，促销效果十分明显，明年要把促销活动作为扩消费的重要抓手，紧抓特定时段开展主题促销，组织重点领域开展系列促销，细分消费人群设计特色促销，切实组织好体验促销、数字化营销等，推进促销活动的持续化、常态化。围绕活动的组织，注重加强部门协同、上下联动、政企合作，形成贯通内外贸、对接产供销、融通线上线下的消费促进机制。

第三节 加快推动制度型开放

山东地处东西互济、联通南北的十字节点，如何在更大的格局和坐标中讲好山东开放故事，向北对接服务京津冀协同发展战略，打造雄安新区"南大门";向南加大与长三角、粤港澳大湾区、东盟国家协同联动;向西建设"一带一路"倡议重要支点,打通沿黄流域九省区最便捷的出海通道;向东服务中日韩区域经贸合作,打造对外开放新高地。如何避免原有的开放优势弱化,如何解决未来的发展后劲不足等问题,重塑山东开放型经济新优势,加快推动制度型开放,是摆在我们面前的时代课题,也是长期命题。

一 主动拓展与 RCEP 成员国地方经贸合作

2020年11月15日,我国与日本韩国、澳大利亚、新西兰、东盟10国共15个国家签署《区域全面经济伙伴关系协定》(简称RCEP),为山东省加快打造对外开放新高地提供了历史机遇。参加座谈的企业对如何借力 RCEP 提升市场份额、拓展发展空间表现出浓厚兴趣。综合企业反映的意见,建议山东省立足融入和服务国家对外开放大局,主动攻坚制度型开放难题,积极用好 RCEP 生效前的"过渡期",从以下五个方面争取获得先期收获,助推国际合作和竞争新优势的重塑。

一是在合作区域上,抓住中日韩间接形成三方自贸安排的机遇,聚焦先进制造业和现代服务业,充分发挥山东省与日韩长期合作形成的优势,重点突出与日韩全方位地方经济合作,将其打造山东与 RCEP 各成员国深化合作的"桥头堡"。

二是在贸易促进上,引导企业用好进出口关税大幅下调特别是高新技术产品、关键零部件关税普遍享惠的时机,扩大贸易新业态、新模式规模,加强进口和项目引进工作;争取在有条件的城市创办日本、韩国进口商品博览会,建立国家进口贸易促进创新示范区或 RCBP 进口商品集散地,打造商品采购、产业技术、投资促进的高端合作平台。

三是在物流运输上,加快建设东北亚国际航运中心,推动省内海港空港与日韩主要口岸"多港联动"。比如,针对鲜活农产品等进口商品,进一步深化与日韩海关的国际通关合作,重点推动韩国釜山港至青岛港、日本大阪港至青岛港、福冈博多港至青岛港、韩国仁川港至威海港、韩国平泽港至烟台港，威海—仁川中韩陆海联运整车运输6条通道，争取率先实现RCBP"6小时通关"要求。同时，应用好RCEP支持国际中转业务、跨境物流发展的规则，突出青岛港、青岛国际机场中心枢纽地位，强化烟台港、威海港、日照港等战略支点作用，加快推进山东省口岸与环渤海、日韩各口岸"多港联动"。

四是在开放平台上，支持中韩（烟台）产业园围绕新能源汽车、电子信息、新材料、高端装备、生命科学、服务业等领域，威海中韩自贸区地方经济合作示范区聚焦服务贸易、跨境电商，中日（青岛）地方发展合作示范区和自贸试验区中日产业园聚焦节能环保和智能制造产业，潍坊中日韩现代高效农业示范区和中日农产品"双园"聚焦现代农业，提高与日韩产业合作水平。顺应RCEP注重中小企业合作的要求，争取国务院或国家部委支持，联合RCEP成员国中小企业发展促进机构，创新创办RCEP中小企业合作论坛，促进RCEP更多企业认识山东、投资山东。

五是在保障措施上，建立省领导牵头，商务、海关等部门参与的跨部门工作协调机制，设立RCEP研究院，深入开展关税减让、通关便利、产业开放、服务合作等政策研究，指导企业在提高自贸协定利用率、激发"贸易创造"效应的同时，防范好RCEP的负面效应。

二 创新催发自贸区、上合示范区两大高能级开放平台整体优势

中国（山东）自由贸易试验区青岛片区自2019年8月31日挂牌运行一年多来，新增纳税主体5100多户，较前40年企业存量增长42.8%，新增纳税人拉动总体增长9.8个百分点；承担106项试点任务已实施98项，形成60余项创新案例，其中13项首创型案例被全省借鉴推广，2项获国家部委备案，3项参选全国自贸试验区第四批"最佳实践案例"。建议在全面完成自贸试验区112项试点任务基础上，对标国际通行做法和经贸规则新趋势，聚焦企业所需所求，在贸易、投资、资金和人员流动等领域谋划实施自贸试验区

2.0版，部署一批新的自由化和便利化重大开放举措，在更大范围、更广领域形成更多的首创式、差异化、集成性制度成果，引领全省更高水平开放发展。

中国—上海合作组织地方经贸合作示范区在我国同上合组织国家加强互联互通，推进"一带一路"新亚欧大陆桥经济走廊建设和海上合作中具有独特地位和优势。现搭建的五个"国际客厅"和"山东会客厅"，初步成为集展示、推介、路演、接洽、交易等功能为一体对接国内外资源的综合服务平台。调研中发现，政府主管部门及企业，不论是对国际经贸规则的研究，还是对开放平台体制机制的探索，依然存在不深入不到位的问题。下一步，应指导上合示范区聚焦聚力国际物流中心、现代贸易中心、双向投资合作中心、商旅文化交流中心、海洋合作中心"五大中心"，深入探索国际化资源配置新模式，尤其在全力突破以贸易带动物流、双向投资和商旅文协同发展等方面，更积极探索开展全流程制度创新，研究出台以具体求深化的实施方案和行动计划，研究提出建设面向东北亚和"一带一路"国际油气交易中心、中铁联集多式联运中心的新思路、新举措，促进形成面向欧亚市场的转口贸易综合枢纽和上合组织国家面向亚太市场的首选"出海口"，努力成为"一带一路"国际合作新平台、新范例、新方位和新格局。

三 加快推进胶东城市群区域一体化发展

"十四五"时期，胶东城市群在黄河流域生态保护、更高水平开放型经济建设和高质量发展中的龙头作用更加凸显，是极有潜力成为新发展格局重要战略支点、国家新的经济增长极。现拥有人口3200万人、经济总量3万亿元，经济总量占山东全省的42%、占黄河流域九省区的12%，目前，青岛主动发挥牵头作用，与其他四市一起推动胶东城市群区域经济一体化发展取得了良好开局。考虑到深入推进此项工作，需要省级层面强力统筹和支持。建议在省级层面建立组织协调机构，研究出台相应的扶持政策，完善胶东五市高效协同的区域发展机制，自上而下推动交通基础设施联通、市场要素高效流动、优势产业协同推进等工作，推动胶东城市群区域经济一体化发展进入快车道。

四　创新打造中日韩"海上高速公路"

中日韩海上高速公路旨在借助中日韩国际客货班轮，统筹发展集装箱陆海联运、汽车甩挂货物运输、汽车整车货物运输，为跨境贸易提供多元化高效物流解决方案。山东具有建设中日韩海上高速公路天然优势。山东与韩国最短航距不足200海里，全省现有9条中韩客货班轮航线，占全国的56%，每周54艘次"夕发朝至"往返韩国，按饱和运力测算全年可运输货物90万标箱、1350万吨，约占山东对韩外贸货运量的56%，借助韩国与日本之间的客货班轮，经石岛—群山—釜山—大阪陆海联运，36小时可达日本。中韩客货班轮相对于全程海运或空运而言，具有航线密、时间短、搬倒少、装卸效率高等诸多优势。已签署的区域全面经济伙伴关系协定（RCEP），给中日韩经济一体化搭建了新平台，也为构建以国内大循环为主体、国内国际双循环相互促进的新发展格局带来新机遇。建议充分发挥山东作为新欧亚大陆桥经济走廊重要节点和21世纪海上丝绸之路主要节点的区位优势和中韩客货班轮优势，积极作为，协调国家和日韩两国相关部门，在中日韩三国间打造一条多港联动、多式联运、跨海直通的海上高速公路，这对于山东抢抓RCEP机遇，充分利用国内国际两个市场两种资源，主动融入新发展格局，重塑国际合作和竞争新优势具有重大而现实的战略意义。

第四节　加快打造世界一流港口

山东作为黄河流域唯一沿海省份，海洋是山东最大的优势所在、最大的潜力所在。2019年山东深入落实总书记重要指示要求，从制度创新入手，以国企改革破题，组建省级港口集团，整合全省海港资源，一体化管理运营，构建起"三千公里海岸线、一个企业抓统筹"的港口管理运营新机制,创造了海洋领域国企改革的"山东模式"。改革一年多来,山东港口集团各项指标领先全国,2020年货物吞吐量突破14亿吨,集装箱吞吐量突破3000万标箱,世界级一流海洋港口集团已见雏形。

一　山东港口建设的发展背景

山东拥有3300多千米的海岸线,占全国的1/6。2018年之前,全省共有青岛港、日照港、威海港、滨州港、东营港、潍坊港、烟台港7个市级港口,虽然各港口之和体量较大(货物吞吐量居全国第2位),但"大而不强、多而不和",呈现"七雄混战"的局面。表现为管理分散(7市分管)、权属复杂(国资、民资、外资均投资)、同质发展(主营业务都是铁矿石、原油、煤炭以及装卸、储运等传统业务)、内耗严重(青岛港和日照港因利益之争,曾终止集装箱业务合作;青岛港、烟台港为抢夺"中欧班列",高价补贴)、盈亏不均(烟台港利润仅为青岛港的1/18,4家港口企业多年亏损)等突出问题。

2018年,山东省委把"海洋强省"纳入全省"八大发展战略",把"海洋产业"纳入新旧动能转换"十强产业",把打造"世界一流海洋港口"作为重大命题展开攻坚。省委主要领导亲自点题,成立分管省领导任组长的工作专班,专题研究全省港口发展思路。经过深入研判全球海洋港口发展规律,对标伦敦港、新加坡港,借鉴广东、江苏、浙江等省港口一体化改革做法,结合山东港口发展实际,确立了"一个省一个港口集团"的一体化改革思路。在具体做法上,有以下创新:

一是"一套班子、一块牌子"。先是设立山东港口集团作为省属国企,然后把原来分属于沿海各市国资委监管的7个港口资产,划归山东港口集团统一行使,管理架构上真正实现"一套班子、一块牌子",彻底解决"各市扯皮、相互竞争"问题。这方面,山东省与江苏、浙江一致,由省企作为主要股东,确保对全省港口资源的控制权;而辽宁、海南则采取"央企+省企"联合模式,海南港口集团由中海远集团与省企合建，辽宁港口集团则由招商局集团控股51%。

二是"决策权、管理权、收益权分离"。不搞"谁股权多、谁说了算"的传统做法，而是参照现代资本运作模式，统筹港口与股东、地方的关系，创造性实施"三权分离"改革，即集团发展的决策权始终归省里，管理权始终归集团总部，不因后期出资比例、股权结构的变化而改变，只有收益权按照各方的出资比例分配。这个做法，在各省港口集团整合重组模式中具有原创性。而江苏的做法是，先成立一家省属国企，与各市港口企业共同组建港口集团，谁股权多、谁说了算。与江苏模式相比，山东模式既可保障集团运营的稳定性，又让各市吃下"定心丸"。

三是"经营性、公益性资产分离"。集团成立之初，就明确了负责港口的规划、投资、建设、运营、管理等主体职责，仅把经营性资产纳入整合范围，而把航道、防波堤、锚地、疏港公（铁）路等公益性资产剥离，交给所在地政府管理和维护。这样做，确保了港口集团可以更高聚焦主责主业、轻装上阵。

四是创新"1+4+11"的经营模式。1代表集团总部，4代表青岛港、日照港、烟台港和渤海湾港4大港口集团，11代表新组建的物流、金融、贸易、文旅等11个专业化板块集团。4个港口聚焦港口运营、剥离非核心业务，并且错位发展、在货物和航线上各有侧重；把剥离出的非核心业务进行统一规划、分类整合，组建11个专业化板块集团，这是山东港口资源整合不同于其他港口的一个特色做法，把原来分散在不同港口的同类资源由分散到集中、由辅业变主业，打造出新的业务增长极。组建后的板块集团逐渐成为山东港口的生力军，其中物流集团全年实现利润10亿元，金控集团已为各港口及板块提供大项目融资60亿元，贸易集团主流货种已达到15个、客户数量已突破600家。

五是创新"扁平化、集约化"管理模式。集团总部设立精简化，仅设立19个部室，实际在岗130人，远低于省里批复的200人规模。中层管理层级扁平化，比如烟台港改革后，部门由 15 个压缩为 10 个，实配人员由 216 人压减为 85 人，下属单位领导职数由 96 人压减为 62 人，实现了机构精简、结构优化、效率提升。在国有资产统一整合完成的基础上，适应国企混改要求，按照"宜混则混"的原则，成功实现与民营企业关于液体散货码头项目"混改"。

二 山东港口建设的成效

山东港口集团成立不久，就遭遇新冠肺炎疫情影响和全球经济低迷的考验。1 年多来，在开"顶风船"的外部环境中，交出了比较好的改革成绩。主要表现为六个提升：

一是知名度和影响力明显提升。改革后，山东港口集团跃升为全球最大的港口集团，拥有集装箱航线 300 条、居中国北方港口首位，所属的青岛港已成为东北亚领先的国际集装箱枢纽港、国内最大的进口原油接卸港，日照港已成为国内最大的矿石、镍矿、木材接卸港和焦炭中转港，烟台港已成为全国最大的铝矾土接卸港和中转基地。

二是资源配置效率明显提升。对各港口统一定位、错位发展，构建起"以青岛港为龙头，日照港、烟台港为两翼，渤海湾港为延展，众多内陆港为依托"的一体化发展格局，改变了过去"各自为政、同质竞争"的模式；在各港口之间开通 10 条支线，加大互联互通密度，改变了过去"相邻不相通、相近不相连"的弊端；对全省航线、船舶的集中调配和统一调度，增加了"散改集"业务，改变了过去"航线冷热不均、船舶有忙有闲"的状况，运输效率提升 20%，综合物流成本降低了 4%。

三是市场竞争优势明显提升。能够更好发挥企业的规模优势、各港的协同优势、整合的航线优势、半岛的地理优势和陆海联动优势，开展组团揽货、集中营销，增强了山东港口集团在全球的市场竞争力。原有混兑、国际中转、保税船供油等业务实现"零"的突破，混矿、铁矿石业务量分别同比增长 36.3% 和 45.3%；引进全球前 20 大船公司在山东港口增加运力，实现了载箱量 2.4 万标箱的全球最大集装箱班轮常态化靠泊。

四是业务延伸能力明显提升。既夯实了传统港口业务，又发展了金融、文旅、产城融合等新业务，裂变培育出多个新业态、新增长点。比如金融板块，今年为港口产业链168家企业，提供融资额度9亿元，依托保险中介牌照为一批中小型港航企业提供风险保障金额727亿元。

五是服务带动能力明显提升。围绕山东"一群两心三圈"发展布局，进一步延伸了增值服务。与省内16市签署战略合作协议，搭建起20余个港产城一体化融合发展平台，建设总投资1500亿元的重大项目，为当地发展带来新增长点。按同比口径计算，山东港口集团在沿海7市上缴税收全部实现正增长，拉动外贸进出口增长5.4%。

六是企业效益明显提升。在全球新冠肺炎疫情大流行的背景下，山东港口集团货物吞吐量、集装箱吞吐量和企业利润等主要指标逆势上涨，货物吞吐量突破14亿吨、集装箱吞吐量突破3000万吨标箱、海铁联运突破200万吨标箱，利润增长10%以上，上缴税收增长8%。

三 打造世界一流港口的对策建议

对山东港口集团成立运营一年多来的成效不能估计过高，有些创新性做法有待实践的检验。当前，应重点关注几个：一是在一体化格局下如何更好激发调动各港口的积极性和发展活力；二是港口集团总部如何精干、高效、科学管理；三是港口所在属地如何促进和支持港口发展；四是对港口集团国有资产保值增值如何实现。

加快山东港口集团持续良性发展，目前应重点在以下几个方面发力：

第一，推动港口业务转型升级。山东港口集团目前仍以传统装卸、仓储、转运等业务为主，传统业务的利润贡献达70%，供应链服务、现代航运服务、旅游休闲等新兴业务的利润贡献仅有30%，"大进大出"特征明显。而世界先进港口中，伦敦港新兴业务的比重为95%，上海港为50%。建议对标伦敦港、新加坡港等世界先进港口，加快拓展金融、贸易、信息等高端航运服务，探索建立各类货物大宗商品贸易交易指数体系，发力集装箱国际中转集拼业务，推动山东港口由门户港向枢纽港转型。

第二，加快港产城联动发展。目前，港产城融合度有待提高，受规划、投入、环境等因素影响，港产城项目在谈的多、落地的少。建议尽快编制港产城融合发展规划，出台临港经济区与港口联动发展政策，探索建立前港后厂、土地整合、城市开发、以地养港、以税还贷、滚动发展等有效机制，打造港产城融合发展示范项目。

第三，推进高端航运服务业发展。目前，山东港口的基础条件良好，但打造世界航运中心的最大短板在于航运服务。建议依托青岛市开展海洋服务业改革试点，探索建设航运高端服务基地，大力引进国际航运金融、保险、租赁、信息等机构，积极发展航运经纪、运价衍生品交易等业务，推进现代航运服务业发展。

第四，完善集疏运体系建设。比如，目前董家口港区只有一条青连铁路用于集疏港，集疏运能力严重不足。建议推进以沿海港口为枢纽的山东省现代化集疏运体系建设，推动青岛港、日照港、烟台港等重点区域疏港铁路、疏港公路大通道建设，支持涉及国计民生、港口发展的重大项目列入"十四五"规划。

第五，发展油气全产业链业务。山东是石油化工大省，但对标宁波舟山港，山东港口在油气全产业链业务拓展上存在政策短板，区域船供油牌照申请、不同税号保税油品混兑、对外锚地挂港加油船舶实施吨税减免等业务开展受到影响。建议协调国家部委支持，争取在企业进口原油资质申请、不同税号下保税油品混兑调和、国际航行船舶保税油供应业务等方面实现突破。

第九章　打造黄河流域文化"双创"示范区

黄河流域文化资源丰富，要系统保护黄河文化遗产，深入挖掘黄河文化蕴含的人文精神与时代价值，讲好新时代"黄河故事"山东篇章，构筑黄河文化交流传播阵地，推动黄河流域文化创造性转化、创新性发展。

第一节　山东省黄河流域文化发展概况

一是文化底蕴凝实深厚。奔腾不息的黄河，流经山东628千米、9市25个县（市区），孕育了博大精深的齐鲁文化。在这里，黄河文化与孔子、泰山汇聚于一个空间，成为中华民族的精神象征。黄河文化与儒文化、齐文化、红色革命文化、泰山文化、运河文化、海洋文化、泉水文化、民俗文化等融合发展，沉淀了丰富的文化遗产。有国家历史文化名城6处、省级历史文化名城6处、全国重点文物保护单位32处、省级文物保护单位194处、国家级非遗项目27项、省级非遗项目109项。无棣碣石山、济南华不注、东阿鱼山等这些典型的黄河文化资源成为体验黄河精神、感受黄河文化的重要载体。

二是自然生态清新优美。黄河沿岸自然风光秀丽，黄河、黄河岸堤、黄河防护林融为一体，形成了独特亮丽的黄河旅游风景线。全省沿黄区域有63处国家级水利风景区、4处国家级湿地公园、1处世界级地质公园，4处国家地质公园，2处国家级自然保护区、

22 处国家级森林公园，黄河三角洲核心城市东营拥有河海交汇、新生湿地、野生鸟类三大世界级旅游资源，其中最负盛名的黄河口生态旅游区依托黄河三角洲国家级自然保护区而建，共有鸟类 368 种。这里是黄河入海的地方，也是鸟类的"国际机场"，每年吸引大量国内外游客前来观光。

三是产业基础较为完善。沿黄地区依托丰富独特的人文资源、优良秀美的生态景观，推动文旅产业蓬勃发展。A 级景区达到 666 处，占全省总数 50%。其中，5A 级景区 4 处、4A 级景区 105 处、旅游度假区 13 处、工农业旅游示范点 832 处；拥有旅行社 248 家、旅游酒店 87 家；博物馆 45 个、公共图书馆 27 个、文化馆 24 个、美术馆 13 个。泰山、天下第一泉、黄河口、灵岩寺、东平湖、阿胶世界等景区品牌价值不断提升。

四是黄河故事进入寻常百姓家。近年来，黄河题材的文艺作品不断涌现，《沂蒙山》《乳娘》《大河开凌》《一船星光梦》《游百川》《时传祥》《跑旱船》《太师训徒》等一批思想精深、艺术精湛、制作精良的优秀剧目屡获大奖。2019 年山东创作文艺作品 307 件，成为讲好"黄河故事"的有力载体平台。

第二节　推动山东黄河流域文化"双创"的短板

黄河是山东省文化旅游高质量发展的"宝藏"，开发利用价值巨大，发展潜力无限。但由于各方面原因，山东省黄河旅游这篇大文章还没有做好，在资源利用、品牌推广、公共服务、文化创意、基础设施建设等方面都还存在一些问题。

一是资源利用率不高。黄河文化富集，"遍地是资源，处处有文化"，但总体看还处于碎片化状态，很多资源没有开发出来。即使形成了一些项目，也基本上是简单的转化利用，创新创意不足。

以鱼山曹植墓为例，建安文学代表性人物曹植在这里创造了梵呗音乐，使鱼山成为中国佛教音乐发源地而享誉海内外，鱼山曹植墓还是全国重点文物保护单位，1998年省文物局曾拨专款进行修建，但长期以来，景区知名度较弱，市场半径局限于聊城以及周边区域，基本处于门票经济阶段，且由于规模小、产业链短，管理经营都难以为继；以黄河为主题的文化艺术作品也比较匮乏，群众性文化活动品牌不多。此外，祖源文化、兵圣文化、水浒文化等与黄河文化密切相关的文化旅游资源也没有开发出来，造成了大量资源的闲置浪费。

二是文旅产业不强。沿黄25个县（市区）文化旅游发展水平基本处于全省中下游位置。即使像郓城县、梁山县、东平县、菏泽牡丹区，拥有上乘资源，也没有进入全省文化旅游前列。"尖端放电"的大项目少，黄河沿线除齐河县近年来引进开发建设了投资120亿元的博物馆群等一批大项目外，其他县区在大项目建设方面基本没有大的进展。黄河入海口2020年成功创建国家5A级旅游景区，但仍然有较大的提升空间。

三是基础设施不够完善。沿黄很多县区交通不便。像东阿县，境内有两条高速公路，却只有一个出入口，经常出现大小车辆拥堵数千米的"盛景"，给旅游交通带来不便。黄河沿岸的旅游交通不通畅，沿岸大堤的主要功能是防洪防汛，旅游功能较弱，有的甚至筑起挡墙，旅游大巴无法通行。基础设施的其他方面，像旅游厕所、餐饮住宿设施、停车场、汽车露营、交通引导标识、无线网络等，也都比较欠缺，游客感到很不方便。

四是品牌形象还不突出。2017年，省政府曾专门下发通知，提出打造东方圣地、平安泰山、仙境海岸、黄河入海等十大文化旅游目的地品牌。其中，"黄河入海"具有显著地域文化特色，同时具有丰富的资源依托，但品牌不够响亮，特别是资源整合能力比较弱，尚未形成市场影响力。

造成这些问题的原因，一是思想认识上有差距，认为地方经济欠发达，解决发展问题主要靠工业，对服务业、文化旅游产业不够重视，甚至"守着金饭碗要饭吃"；二是交通等基础设施比较薄弱，招商引资相对困难；三是工作机制不完善，黄河文化保护传承弘扬缺乏有效的规划引导。县、市、区沟通合作机制不完善，工作的系统性、整体性、协同性较差。解决这些问题，必须精准施策，增强工作的针对性、有效性。

第三节 建设黄河流域文化"双创"示范区的对策建议

一 支持曲阜全域创建中华优秀传统文化"两创"先行区

近年来，山东着力打造"曲阜优秀传统文化传承发展示范区"，与国家文旅部共建共创"曲阜文化经济特区"，初步确立了曲阜在全省乃至全国"两创"中的领先地位，但尚未形成全方位推进"两创"的体制机制。国家当初支持深圳全市创建"经济特区"、现在支持海南全岛建设"自由贸易港"，均证明全域创建体制对实现重大改革目标至关重要。建议采取集成式改革模式，支持曲阜全域创建中华优秀传统文化"两创"先行区。坚持"活态传承"，按照"三融入"思路，全面推动中华优秀传统文化融入时代，体现社会主义核心价值观；融入实践，渗透到工作的各领域、各方面、各环节；融入大众，成为百姓的行为自觉与生活方式。坚持系统支持，从产业、财税、金融、土地、人才等方面出台政策，推动全省相关资源下沉、聚集。坚持考核引导，实行主考"两创"、单设标准、省市共抓的考核方式，推动全市把工作重心转移到"两创"上来，心无旁骛攻主业。为给全国"两创"探路开道、创造经验、示范引领，即使当地部分经济指标出现暂时性下降，也要保持战略定力，持之以恒抓下去。

二 打造中华优秀传统文化体验"金环"

发挥好泰山、孔庙等世界著名文化遗产作用，推动弘扬中华优秀传统文化，打造具有国际影响力的黄河文化旅游带，是中央《黄河流域生态保护和高质量发展规划纲要》的明确要求。齐鲁文化是黄河文化的重要组成部分，儒家文化在中国传统文化中长期居于主导地位，以泰山为中心的传统文化旅游资源富集，但在开发上存在分散化、碎片化问题，亟待串珠成链。目前河南、陕西以古都文化为纽带，正推动设立"郑西洛汴"黄河文化旅游示范带。建议站在向全球展示中华优秀传统文化精髓的高度，集齐鲁文化遗产之精粹，打造中华优秀传统文化体验"金环"。即以泰山（含大汶口文化）为中心，以儒家文化、运河文化、水浒文化、养生文化、泉文化、龙山文化、齐都文化、聊斋文化、陶琉文化、齐长城文化、沂蒙崮文化的核心城市、核心景区为支点，组建"金环"旅游联盟，成立"金环"运营公司，打造一条大致环形的中华文化体验"黄金线路"，形成山东"第一游"，力争发展为"中国第一游"。

三 实施齐鲁文脉传承行动

山东省是文物大省、非遗大省，但文化遗产的保护与利用还有很大潜力可挖。建议实施齐鲁文脉传承行动，让文化遗产"活起来"。一是积极创建"泰山—曲阜"国家文物保护利用示范区，深度参与中华文明探源工程和"考古中国"重大研究，着力推动山东珍贵文物成为国家文化地标和中华民族精神标识。二是加快文创产业发展，借鉴故宫文创发展成功经验，选择一批条件成熟的国有博物馆，从破除体制机制障碍入手，开展改革试点，探索产业发展的方法路径。三是推进齐长城、大运河、黄河国家文化公园（山东段）建设，突出重大项目牵引作用，力求体现齐鲁特色，走在全国前列。四是加强非遗保护与开发，创新非遗传承人培养机制，推动非遗进校园、进社区、进景点，不断扩大非遗影响力。

四 探索建立文旅康养融合发展省级示范区

山东省是文化圣境、红色热土、康养福地、诗酒田园，医疗、养老、文化、旅游等资源丰富，但多业态深度融合发展程度不高。建议开展文旅康养融合发展省级示范区建设试点，探索跨界融合的体制机制，打造文旅康养产业高位发展平台。可将文旅康养资源富集地区分为六种类型，每种类型各选择一个代表性区域，建设首批省级示范区。一是黄河沿线，选择东营黄河三角洲；二是优质海岛，选择烟台长岛；三是优质海岸，选择青岛鳌山湾；四是特色湖区，选择济宁南四湖；五是特色山区，选择济南房干景区；六是特色林区，选择德州黄河故道森林公园。对以上区域，赋予相应政策，允许先行先试，为省级示范区建设探索路子、积累经验。

五 锻铸"运河之都"品牌

山东是运河"水脊"所在地，南旺枢纽工程代表了运河水工的最高科技水平，河道总督衙门是运河最高行政管理机构，"运河之都"品牌是山东省大运河文化带建设的最大优势。目前对这一品牌的认识程度、维护措施、利用效果都有不足，导致山东省在大运河文化带建设上特色不够鲜明。建议全面锻铸"运河之都"品牌，做到"地处运河中游、工作力争上游"。一是整合运河文化研究资源与力量，设立省级运河文化研究机构，提高在运河文化中的发言权。二是打造运河文化传播高端平台，在尼山世界文明论坛设立大运河文化分论坛，讲好大运河故事，提升中国大运河文化的全球影响力。三是打造"运河之都"新地标，着力推动河道总督衙门复建工程。四是做大游船经济，开通东平至台儿庄的运河游船，让游客体验"下江南"的场景。五是建设运河风情小镇，选择临清市区、东平州城、南阳古镇、台儿庄古城等运河文化资源富集区，打造主题小镇，重现运河神韵。

六 启动国有景区"平台化"改革

山东省最优质景区大部分是国有景区，由国有企业经营。由于体制僵化，大多习惯于"啃三老"，即端老天爷的碗、吃老祖宗的饭、收老百姓的钱，导致山东省旅游总体上仍停滞于"门票经济"时期。作为旅游核心吸引物，景区主要价值是吸引游客、导入流量的平台，带动庞大关联产业发展，在全区域、全社会实现 N 倍于门票的收益，完成"流量变现"。目前减免门票已成为旅游发展的潮流，免除门票更是大势所趋。杭州西湖多年前已免除门票，全国多个景区免除门票，今年湖北更是推出 A 级景区全免门票的政策。建议开展国有景区"平台化"改革试点，全省 16 市各选择 1—2 家龙头景区，实行免门票政策，同时辅以阶段性补助政策确保平稳过渡，将国有景区从地方财政的"摇钱树"变成产业发展的"大平台"，带动山东旅游跨入"平台经济"时代。

七　建设沂蒙党的群众路线感悟地

军民水乳交融、生死与共铸就的沂蒙精神，与延安精神、井冈山精神、西柏坡精神一样，是党和国家的宝贵精神财富。沂蒙精神的实质是践行党的群众路线，需要全面挖掘、发扬光大。建议突出群众路线，面向社会公众，打造沂蒙党的群众路线感悟地，扩大沂蒙精神的社会影响力。一是运用声光电等现代科技手段，对现有展示场馆进行改造提升，建设一批沉浸式体验展馆，再现根据地的峥嵘岁月。二是加强文艺精品创作，推动实景演出从"印象"阶段跨入"又见"阶段，增强观众参与性和体验感。三是打造支前体验目的地，选择一批红色堡垒镇村建设"红色民宿"，营造当年摊煎饼、纳鞋底、推小车等支前场景，让游客切身体验当年的军民、党群鱼水深情。四是充分发挥党校作用，以沂蒙精神办好沂蒙干部学院，把"沂蒙精神与党的群众路线理论研修班"打造成践行党的群众路线的示范班。

第十章 创新"有效市场+有为政府"体制机制

《国民经济和社会发展第十四个五年规划和二〇三五年远景目标纲要》提出"坚持和完善社会主义基本经济制度，充分发挥市场在资源配置中的决定性作用，更好发挥政府作用，推动有效市场和有为政府更好结合"。山东半岛城市群要进一步全面深化改革，将更好地发挥市场机制的作用与有效发挥政府作用结合起来，构建更加高效、科学的黄河流域生态保护和高质量发展制度环境。

第一节 创新多元化生态保护机制

一、建立市场化的绿色生产和消费机制

通过税收、价格、财政补贴、绿色信贷、排放交易等经济政策工具，引导市场主体绿色生产和消费。探索建立差别化的资源要素价格形成机制和动态调整机制，对高耗能、高污染和产能过剩行业实施差别价格、超定额累进价格等政策，促进各类资源集约高效利用。构建节能减排市场化机制，积极开展用能权、碳排放权、排污权交易。按照"谁保护、谁受益"的原则，引入各类市场主体参与黄河流域生态环境治理。探索建立黄河三角洲自然资源资产特许经营权等制度，将开发利用水平和生态保护要求作为选择自然资源资产使用权人的重要因素并纳入出让合同。发挥黄河三角洲湿地、海洋、森林等方面的碳汇资源优势，积极开展黄河流域生态产品价值实现机制试点，探索政府主导、企业和社会各界参与、市场化运作的生态产品价值实现路径。

二 探索构建国家公园新体制

改变功能区和行政区叠加管理的方式，改革分头设置自然保护区、森林公园等自然保护地体制，统筹推进自然资源统一管理，推动跨区域跨部门统一管护，全面构建以黄河口国家公园为主体的黄河三角洲自然生态保护体系。在国家公园内，按照自然资源特征和管理目标，合理划定功能分区，实行差别化保护管理制度。优先通过租赁、置换等方式规范重点保护区内集体土地流转。明确国家公园区域内生产生活边界，在国家公园周边合理规划建设入口社区和特色小镇。探索公益治理、社区治理、共同治理等保护方式，积极设立生态管护公益岗位，吸收居民参与国家公园保护管理和自然环境教育。鼓励农民、企业以投资入股、合作劳务等多种形式在国家公园内开展特许经营项目。

三 创新生态保护项目投融资模式

探索通过金融市场和工具为生态补偿项目融资，充分吸收社会资本参与黄河流域生态补偿。建立市场化、多元化投融资机制，采取发行政府债券、企业债券、专项建设资金、融资租赁等多种融资模式，支持社会资本和国际资本设立各类民间绿色投资基金，支持黄河流域生态保护和高质量发展。积极对接国家政策性银行，对黄河流域生态保护项目在资金供应、利率定价、贷款期限、审批权限、贷款担保等方面予以倾斜。大力发展绿色金融，推广绿色信贷，鼓励支持金融机构开展与环境相关的收益权、排放权、排污权抵押贷款等业务。

第二节 完善高质量发展市场化机制

一 创新要素市场化配置机制

深化要素市场化配置改革，促进要素自主有序流动，提高要素配置效率。推进土地要素市场化配置，建立健全城乡统一的建设用地市场，深化产业用地市场化配置改革，健全长期租赁、先租后让、弹性年期供应、作价出资（入股）等工业用地市场供应体系。深化户籍制度改革，推动公共资源按常住人口规模配置，引导劳动力要素合理畅通有序流动。健全多层次资本市场体系。构建多层次、广覆盖、有差异、大中小合理分工的银行机构体系，增加有效金融服务供给。加快打破"信息孤岛"，推进气候气象、生态环境、交通运输等政府数据开放共享，培育数据要素市场，积极发展数字经济新产业、新业态和新模式。

二 打造法治型政府

持续深化营商环境综合改革，按照市场化、国际化、法治化的要求，以提升企业办事便利度、缩短办事时限为重点，着力解决开办、运营、退出全流程各环节的"痛点""堵点"和"难点"问题。深入推进"互联网+政务"服务，推行网上并联审批模式。构建"亲""清"新型政商关系，以企业体验为根本的检验标准，搭建政企沟通平台，优化企业全生命周期服务体系。加快建设信用体系，持续扩大信用信息共享领域，完善守信联合激励和失信联合惩戒机制。推进社会信用信息应用和信用服务市场发展，探索开发"信息+"系列服务产品。加强诚信政府建设，建立健全"政府承诺+社会监督+失信问责"机制，打造法治诚信政务环境。

三 支持民营经济改革发展

大力弘扬企业家精神，全面实施以负面清单为主的产业准入制度，落实公平竞争审查制度，进一步放宽民营经济市场准入。支持民间资本通过出资入股、股权收购、股权置换等多种形式参与国企混合所有制改革，探索保护中小股东投资权益和经营话语权的有效方式。实施小微企业治理结构和产业结构"双开"战略。围绕服务实体经济推进金融改革，创新市场化投融资机制，支持企业优化债务结构、有序开展市场化债转股、发展股权融资。积极推进地方融资平台市场化转变，打造专业化投融资服务平台。鼓励支持发展普惠金融，加强对中小微企业、"三农"地区的金融服务。

三 创新"双招双引"推进机制

聚焦重点产业、重点企业、重点区域，推动产业链精准招商，引进产业链高关联配套项目，促进主导产业集群式发展。制作"产业招商地图"，在长三角、珠三角、京津冀、港台和欧美、日韩、"一带一路"沿线国家等国内外主要投资来源地、人才集聚地，开展专题"双招双引"活动。大力推进以商招商，积极采用专题招商、中介招商、网络招商、商协会招商、设立驻外机构招商等灵活多样的招商方式。加强"双招双引"队伍建设，在省级以上开发区组建专业招商队伍或招商公司，开展高质量、精准化"双招双引"。探索建立"招商合伙人"制度，与境内外中介机构合作建立委托招商机制，拓展境外招商网络。

第三节 创新山东半岛城市群制度体系

山东半岛城市群既然作为整个黄河流域的发展龙头，就必须有一系列制度创新措施进行政策支撑，需要国家层面、流域层面给予支持，共同把"黄河龙头"建设得更好。本书在编写过程中，会同山东多个省直部门意见，总结梳理了一套山东半岛城市群制度创新的政策体系，共分八个方面。

一是科技创新政策方面。实行黄河流域科技创新券通用通兑。建设黄河流域创新驱动先导区。允许日本、韩国符合条件的高校、科研机构申请山东科技项目，允许相关资金跨境使用。争取国家扩大赋予科研人员职务科技成果所有权或长期使用权改革试点，放宽转制科研院所、高新技术企业科技人员在混合所有制员工持股改革中的持股比例。

二是财税政策方面。对鼓励类产业，减按15%的税率征收企业所得税。对高端人才和紧缺人才、高科技企业高管、知名跨国企业高管等人员，个人所得税实际税负超过15%的部分予以免征。对境外高端人才和紧缺人才个人所得税超税负（内地与香港个人所得税税负差额）部分，给予财政补贴。争取将启运港范围扩大到山东港口集团所属全部港口，均可享受启运港退税政策，货物运出启运港即视同出口并可办理退税手续。争取在青岛复制推广国际航运保险业务免征增值税政策及保税航油政策。推动国际空港、海港、邮轮母港增设免税店，引导境外消费回流。争取支持胶东国际机场建设北方最大的免税店，对进出境旅客销售免税商品。积极争取青岛设立特殊综合保税区，形成特殊综合保税区与上合示范区的政策叠加优势。争取延伸综合保税区服务功能，将游戏机整机及零件、智能机器人、摄像头模块、液晶显示器等商品列入综合保税区第二批准予开展全球保税维修的货物目录。取国家支持山东省在推动与京津冀和黄河流域地区产业协同上创新税收收入分享办法，扫除税收利益博弈带来的障碍。争取更多境外发行离岸人民币地方政府债券权限，在探索赴境外发行地方政府债券的有效途径、吸纳外资银行等境外投资者加入政府债券承销团等方面进行试点。

　　三是金融政策方面。支持淄博、青岛开展区域性股权市场制度和业务创新试点，加强与更高层次资本市场对接合作。组建黄河流域生态保护和高质量发展专项投资基金，用于支持区域先进制造业发展、传统产业改造升级、重点产业布局调整等。推动法人银行全部接入合法资质清算机构的个人银行账户开户专用验证通道，对绑定账户信息提供互相验证服务。开展数字人民币试点。允许符合条件的非银行债务人直接在银行办理外债注销登记，取消企业办理外债注销登记时间限制。支持山东制定促进创业投资发展地方性法规，拓宽投资资金来源和市场化退出渠道，推动创业投资双向开放，支持青岛创建全球创投风投中心。探索保险资金试点投资黄金、石油等大宗商品。争取在青岛设立上合组织开发银行。创建国家（济南）科技金融创新试验区，争取国家金融业密码应用研究中心落地济南。开展资本项目收入支付便利化真实性审核区块链应用场景试点。允许非投资性企业资本项目收入或结汇所得人民币资金用于符合生产经营目标的境内股权投资，试点企业按实际投资规模将资金直接划入被投资企业。开展本外币合一的跨境资金池业务试点，支持设立人民币海外投贷基金。

四是开放政策方面。加快步行街改造提升，推进青岛台东路国家级步行街、首批 12 条省级步行街改造提升试点建设，推动实施步行街改造提升三年行动计划。支持济南、青岛建设国际消费中心城市，大力发展首店经济、品牌经济，打造国际化城市核心商圈。开展更多机制性安排，巩固扩大与日韩政府相关机构和大企业大商社合作机制，围绕通关便利化、资金进出便利化、人员往来便利化等方面探索更多先行先试举措，建立健全与日韩企业共同开拓第三方市场长效机制。加快推进自贸试验区中日产业园建设，创办日本进口博览会、韩国进口博览会，打造商品采购、投资促进、人文交流、开放合作的高端合作平台。推动油气全产业链开放发展，建设面向东北亚和"一带一路"国际油气交易中心、面向欧亚市场的转口贸易综合枢纽、面向亚太市场的"出海口"。建设上合组织国家在我国的资源能源产品集散和交易中心，按照"先做现货，再做期货"的思路，带动油气、农产品等大宗商品贸易。探索与部分上合组织国家开展易货贸易，用山东省机电、日用消费品换取上合国家的资源能源产品。把实施黄河流域生态保护和高质量发展战略同建设山东自贸试验区、上合示范区等国家级重大平台有机衔接，建立完善与黄河流域各省区开放合作新机制。发挥青岛、烟台门户城市及优良港口群优势，推动山东港口集团与沿黄省（区）合作建设"内陆港"，优化内陆无水港节点布局，将港口服务功能向黄河流域腹地延伸，构筑黄河流域面向日韩、连接欧亚大陆的国际化战略大通道。

五是人才政策方面。允许在读外籍留学生从事兼职创业活动。支持银行探索打造实体化服务科技和创新型创业人才的专营机构，条件成熟时争取设立专业银行。与毗邻省份及京津冀、长三角等先进地区联合制定外国高端人才认定标准，开展人才互认试点。争取在山东自贸试验区、上合示范区以及中日、中韩产业园区等特殊区域，开展日韩医美、法律、会计等专业人士取得执业资质和从事相关职业试点工作。支持开展国际人才管理改革试点，为外籍创新创业人员提供更多签证和居留便利，建立外籍高层次人才申请永久居留和工作居留直通车制度。

六是产业政策方面。支持山东半岛城市群打造国际先进制造中心，优先布局高端装备、新能源新材料、现代海洋、电子信息等新兴产业和量子科技、生命科学、深海空天、边缘计算等未来产业。支持将山东半岛城市群纳入国家首批燃料电池汽车示范城市群，打造山东半岛"氢动走廊"，建设国家氢能产业基地。支持在山东开展新材料中试孵化，建设国家新材料产业基地。支持青岛建设全球海洋中心城市，创建国家级船舶与海洋工程装备创新中心，打造中国海工北方中心。支持山东开展制造业转型升级综合改革试点。聚焦钢铁、炼化等重点行业，支持通过产能置换等市场化方式，调整结构、优化布局，并在职工安置、债权债务处理、政策资金等方面给予倾斜。支持建设裕龙岛炼化一体化高端石化基地、日照—临沂沿海先进钢铁制造产业基地、莱芜—泰安内陆精品钢生产基地，加快推进化工、精品钢、高端铝等产业转型升级。支持培育国家级现代服务业集聚区和特色小镇，创建国家先进制造业与现代服务业融合发展试点。支持济南、青岛开展国家服务业综合改革试点，建设国家级现代服务经济中心。支持发展创意经济，推动济南、青岛、淄博建设国家级互联网开放式工业设计中心。支持以济南国际医学科学中心为载体，创建国家医养健康产业综合试验区。

七是土地政策方面。支持建立承诺补充机制，在省级新区、新旧动能转换起步区等建设中，对于重大、急需的基础设施、生态治理项目建设占用耕地、林地的，实行"先占后补"。支持山东列入国家永久基本农田转建设用地审批权下放试点。支持在省级新区等特殊区域，探索实行跨行政区划的用地指标周转机制。探索建立黄河流域补充耕地指标跨区域交易机制，支持黄河流域开展城乡建设用地增减挂钩节余指标跨省域调剂。探索建设用地使用权地上、地表和地下分层设立、分层供应政策，探索海域立体分层设权。支持在部分县级市开展全县域土地综合整治，优先将整治项目申报列入国家试点。探索利用存量建设用地进行开发建设的市场化机制，完善闲置土地使用权收回机制。

八是综合改革政策方面。支持曲阜建设中华优秀传统文化"两创"先行区。探索建立黄河流域跨行政区水资源开发利用、生态环境保护和生态补偿机制，在研究黄河水量分配调整方案时，保持山东引黄指标的稳定。支持山东开展区域性国资国企综合改革。开展重大新药创制国家科技重大专项成果转移转化试点，在进口药品与器械、境外医师执业、药品审评审批制度改革等方面先行先试，打造医养健康国际性标杆产业。

参考文献

蔡文迪、吴宗法：《高铁开通影响下中国城市消费差异分析》，《统计与决策》2021年第5期。

曹邦英、贺培科、龚勤林：《内陆地区城市群产业链供应链稳定性与竞争力提升研究——以成德眉资同城化为例》，《经济体制改革》2021年第1期。

陈磊、胡立君、何芳：《长江经济带发展战略对区域经济联系的影响研究——基于双重差分法的实证检验》，《经济经纬》2021年第1期。

陈鹏：《黄河文化的多重精神特质及符号构建》，《人民论坛》2020年第25期。

陈雯、杨柳青、张鹏、孙伟：《长三角区域合作类型、障碍和治理路径》，《城市规划》2021年第1期。

陈晓东、杨晓霞：《数字经济可以实现产业链的最优强度吗？——基于1987—2017年中国投入产出表面板数据》，《南京社会科学》2021年第2期。

崔宏凯、张林、王子健、王钦：《物流产业发展和区域经济增长的关联效应研究——基于长江经济带三大都市圈的面板数据》，《经济问题》2020年第3期。

邓荣荣、张翱祥：《长江经济带生态效率与产业结构升级的协调度》，《华东经济管理》2021年第2期。

邓祥征、杨开忠、单菁菁等：《黄河流域城市群与产业转型发展》，《自然资源学报》2021年第2期。

段新、戴胜利：《地方政府绿色发展理念落实效果的影响因素提取及模型建构》，《广西社会科学》2019年第11期。

段艳丰：《乡村振兴视角下绿色发展的价值意蕴及实践指向》，《重庆社会科学》2019年第12期。

冯璐、邹燕、张泠然：《双循环格局下的竞争中性与国企改革——来自国有资本差异化功能的证据》，《上海经济研究》2021年第2期。

郭炳南、林基、刘堂发：《环境规制对长三角地区城市生态福利绩效的影响》，《统计与决策》2021年第4期。

郭建斌、陈富良：《地方政府竞争、环境规制与城市群绿色发展》，《经济问题探索》2021年第1期。

韩凝春、王春娟：《新生态体系下的新消费、新业态、新模式》，《中国流通经济》2021年第3期。

洪俊杰、杨志浩、芈斐斐：《外资流动趋向及其对中国产业链外移的影响》，《亚太经济》2020年第6期。

华民：《长三角一体化的新使命及实现路径》，《新金融》2021年第2期。

嵇正龙、宋宇：《长三角地区企业异地投资与市场一体化的增长效应》，《现代经济探讨》2021年第3期。

计启迪、刘卫东、陈伟、王涛：《基于产业链的全球铜贸易网络结构研究》，《地理科学》2021年第1期。

贾康：《"内循环为主体的双循环"之学理逻辑研究》，《河北经贸大学学报》2021年第1期。

江晓晗、任晓璐：《长江经济带文化产业高质量发展水平测度》，《统计与决策》2021年第2期。

兰洁、林爱杰：《双循环背景下东道国国家风险对我国企业海外并购绩效的影响》，《重庆大学学报》（社会科学版）2021年第1期。

李洪涛、王丽丽：《中心城市科技创新对城市群产业结构的影响》,《科学学研究》2021年第2期。

　　李连梦、吴青:《数字普惠金融对城镇弱势群体收入的影响》,《经济与管理》2021年第2期。

　　李林汉、岳一飞:《基于四阶段DEA模型的中国绿色发展效率评价》,《科技管理研究》2019年第24期。

　　李茜铭、郑伯红、熊雨军:《基于夜间灯光遥感数据的环洞庭湖生态经济区城市群时空扩展》,《经济地理》2021年第2期。

　　李旭辉、李丽雅、殷缘圆:《中原城市群经济社会发展统计测度》,《统计与决策》2021年第4期。

　　李志伟:《"生态+"视域下海洋经济绿色发展的转型路径》,《经济与管理》2020年第1期。

　　连煜:《坚持黄河高质量生态保护,推进流域高质量绿色发展》,《环境保护》2020年第Z1期。

　　梁鑫源、金晓斌、韩博、孙瑞、张晓琳、周寅康:《长三角快速城市化地区景观多功能性演变——以苏州市为例》,《地理科学进展》2021年第2期。

　　林卫斌、苏剑、张琪惠:《绿色发展水平测度研究——绿色发展指数的一种构建》,《学习与探索》2019年第11期。

　　林慰曾:《权力导向型监管:美国消费金融监管的经验与启示》,《金融论坛》2021年第3期。

　　刘明慧、窦程强:《原油和天然气资源税改革的绿色发展效应分析》,《税务研究》2021年第2期。

　　刘倩倩、姚战琪、周功梅:《入境旅游的GDP贡献越大经济增长带动效应越强吗?——理论机制、国际经验与双循环发展启示》,《西部论坛》2021年第1期。

　　刘强、李泽锦:《消费升级、产业结构与就业结构》,《数理统计与管理》2020年第6期。

　　刘润秋:《双循环新发展格局下的房地产市场》,《人民论坛》2021年第Z1期。

刘湘平、刘慧平、邹滨、靳媛媛、伊尧国、王娟：《基于城市联系网络的城市群等级结构对比》，《经济地理》2021年第2期。

刘云中、许顺才、靳智超、何海燕：《世界级城市群内县域发展的逻辑变化及空间规划响应研究——以河北省廊坊市大城县为例》，《城市发展研究》2021年第2期。

马骏、孟海波、邵丹青、朱亚珊：《绿色金融、普惠金融与绿色农业发展》，《金融论坛》2021年第3期。

马曙辉、李一鸣、刘鹤：《北京市碳纤维产业的全产业链发展模式构建》，《科技管理研究》2021年第2期。

蒙昱竹、李波、潘文富：《财政支出、城市化与居民消费——对扩大内需的再思考》，《首都经济贸易大学学报》2020年第6期。

莫神星、张平：《新型城镇化绿色发展面临的几个重要问题及应对之策》，《兰州学刊》2021年第1期。

彭岚嘉、王兴文：《黄河文化的脉络结构和开发利用——以甘肃黄河文化开发为例》，《甘肃行政学院学报》2014年第2期。

祁萌：《新时代黄河文化大传播需要科学思维引导》，《新闻爱好者》2020年第11期。

秦月、徐长乐：《国外城市群联动研究综述与展望》，《世界地理研究》2021年第1期。

任保平、苗新宇：《新经济背景下扩大新消费需求的路径与政策取向》，《改革》2021年第2期。

山西省社会科学院课题组、高春平：《山西省黄河文化保护传承与文旅融合路径研究》，《经济问题》2020年第7期。

邵娜娜、张红霞：《以包容性绿色发展推动构建人类命运共同体》，《广西社会科学》2019年第12期。

师博、何璐、张文明：《黄河流域城市经济高质量发展的动态演进及趋势预测》，《经济问题》2021年第1期。

宋洁：《黄河流域人口—经济—环境系统耦合协调度的评价》，《统计与决策》2021年第4期。

宋志秀、梁松：《长江经济带金融服务实体经济效率测度》，《统计与决策》2021年第4期。

苏华、王威华、肖飒：《要素集聚与高质量发展——基于黄河流域生态经济带地级市的实证研究》，《工业技术经济》2020年第12期。

孙群力：《借助"双循环"构建中国—东盟经贸合作新格局的财税对策研究》，《西南民族大学学报》（人文社会科学版）2021年第3期。

孙焱林、李格、汪小愉：《数字金融对劳动力错配的影响及其异质性分析——基于中国地级市面板数据》，《科学学研究》2021年第2期。

孙燕铭、梅潇、谌思邈：《长三角城市群绿色技术创新的时空格局及驱动因素研究》，《江淮论坛》2021年第1期。

孙振清、李欢欢、刘保留：《中国四大城市群协同创新效率综合测度及影响因素研究》，《科技进步与对策》2021年第3期。

陶涛：《全球产业链变革下的中国新机遇》，《人民论坛》2021年第2期。

王欢、邢天才：《金融摩擦对经济波动的影响研究——基于金融加速器理论视角》，《经济与管理》2021年第2期。

王婧、杜广杰：《中国城市绿色发展效率的空间分异及驱动因素》，《经济与管理研究》2020年第12期。

王娟娟：《双循环视角下黄河流域的产业链高质量发展》，《甘肃社会科学》2021年第1期。

王磊、杨文毅：《文化差异、消费功能与城际消费流动——基于中国银联大数据的分析》，《武汉大学学报》（哲学社会科学版）2021年第2期。

王睿、李连发：《宏观不确定性与金融不确定性：测度与动态关系研究》，《经济问题探索》2021年第3期。

王一鸥：《统筹推进生态优先绿色发展——以岳阳市为例》，

《湖南社会科学》2021年第1期。

吴开军、冯正选：《粤港澳大湾区城市群旅游经济协调发展的空间格局及演化研究》，《地域研究与开发》2020年第1期。

肖星、苗红、张林、齐德利：《兰州黄河文化园规划构思与项目创意》，《人文地理》2001年第6期。

谢果、赵晓琴、王悠悠、张洋：《政府竞争、产业集聚与地方绿色发展》，《华东经济管理》2021年第2期。

谢永琴、武小英、沈蕾：《粤港澳大湾区城市群多中心网络化空间发展研究》，《河北经贸大学学报》，2021年第1期。

邢祥、邢军：《新时代黄河文化传播创新路径研究》，《新闻爱好者》2020年第3期。

徐丹、于渤：《长三角城市群高技术产业集聚空间溢出效应研究》，《科技进步与对策》2021年第3期。

徐生霞、刘强：《跨区域城市群经济协调发展研究——基于产业转型升级与政策干预的视角》，《数理统计与管理》2020年第3期。

徐越倩、李拓、陆利丽：《科技金融结合试点政策对地区经济增长影响研究——基于科技创新与产业结构合理化的视角》，《重庆大学学报》（社会科学版）2021年第1期。

许永兵：《扩大消费：构建"双循环"新发展格局的基础》，《河北经贸大学学报》2021年第1期。

杨朝远、张学良、杨羊：《双循环发展的改革开放空间试验场——我国开发区的缘起、演进和趋势》，《重庆大学学报》（社会科学版）2021年第1期。

杨蕙嘉、赵振宇：《基于修正引力模型的区域城市群关联强度时空演进特征》，《统计与决策》2021年第5期。

杨济菡、王玉茹：《双循环新发展格局下知识产权制度创新——以绿色低碳经济为中心》，《青海社会科学》2020年第6期。

杨昆、许乃中、龙颖贤、张世喜、张玉环：《保障粤港澳大湾区绿色发展的环境综合治理路径研究》,《环境保护》2019 年第 23 期。

杨莉、余倩倩、张雪磊:《江苏沿江城市工业绿色发展评价与转型升级路径研究》,《江苏社会科学》2019 年第 6 期。

杨越、李瑶、陈玲:《讲好"黄河故事":黄河文化保护的创新思路》,《中国人口·资源与环境》2020 年第 12 期。

叶堂林、李璐、王雪莹:《我国东部三大城市群创新效率及影响因素对比研究》,《科技进步与对策》2021 年第 3 期。

尹忠海:《提振消费要关注政策偏好的社会结构效应》,《上海对外经贸大学学报》2021 年第 2 期。

岳立、薛丹:《黄河流域沿线城市绿色发展效率时空演变及其影响因素》,《资源科学》2020 年第 12 期。

曾繁华、吴静:《自主可控视角下中国半导体产业链风险及对策研究》,《科学管理研究》2021 年第 1 期。

曾鹏、庞钰凡:《基于 GIS – DEA 的中国城市群国际贸易发展质量分级与演化研究》,《重庆大学学报》2021 年第 1 期。

张帆、邓宏兵、彭永樟:《长江经济带经济集聚对工业废水排放影响的空间溢出效应与门槛特征》,《资源科学》2021 年第 1 期。

张家峰、毕苗:《长江经济带环境规制的产业结构效应研究》,《南京工业大学学报》(社会科学版) 2021 年第 1 期。

张梦林、李国平:《普惠金融、家庭异质性与消费结构升级》,《经济纵横》2021 年第 2 期。

张长江、陈雨晴、王宇欣:《长三角城市群生态效率的时空分异及影响因素研究》,《南京工业大学学报》2021 年第 1 期。

赵军、张如梦、李琛:《金融发展对环境规制提升工业绿色全要素生产率的创新补偿效应》,《首都经济贸易大学学报》2020 年第 6 期。

赵治纲:《深化科技体制机制改革提升产业链总体竞争力》,《中国行政管理》2020 年第 11 期。

中国工业经济学会绿色发展专业委员会、南昌大学中国中部经济社会发展研究中心、南昌大学经济管理学院：《中国工业经济学会2021年"十四五"中国产业经济绿色低碳发展研讨会》，《中国工业经济》2021年第1期。

钟韵、秦嫣然：《中国城市群的服务业协同集聚研究——基于长三角与珠三角的对比》，《广东社会科学》2021年第2期。

周颖、王兆峰：《长江经济带旅游资源开发强度与生态能力耦合协调关系研究》，《长江流域资源与环境》2021年第1期。

朱民、郑重阳：《关于相互促进的国内国际双循环思考》，《经济与管理研究》2021年第1期。

祝合良、王春娟：《"双循环"新发展格局战略背景下产业数字化转型：理论与对策》，《财贸经济》2021年第2期。

邹晨、黄永春、欧向军、严翔：《长三角区域一体化对科技人才竞争力的门槛效应研究——基于经济与收入视角》，《科技进步与对策》2021年第3期。

Anderson, D, "Energy Efficiency and the Economists: The Case for a Policy Based on Economic Principles", *Annual Review of Energy & the Environment*, Vol. 20, No. 1, 1995.

Azad S, Yasushi S, "Impact of Policy Changes on the Efficiency andReturns – to – scale of Japanese Financial Institutions: An Evaluation", *Research in International Business and Finance*, No. 32, 2014.

Banker R D, Charnes A, Cooper W W, "Some Models for Estimating Technical and Scale Inefficiencies in Data Envelopment Analysis", *Management Science*, Vol. 30, No. 9, 1984.

BELDERBOS R, ZOU J, "Foreign Investment, Divestment and Relocation by Japanese Electronics Firms in East Asia", *AsianEconomic Journal*, Vol. 20, No. 1, 2006.

BENITO G R G, "Divestment and International Business Strategy", *Journal of Economic Geography*, Vol. 5, No. 2, 2005.

Bjerregaard T, "Industry and Academia in Convergence: Micro - institutional Dimensions of R&D Collaboration", *Technovation*, Vol. 30, No. 2, 2010.

Burnett, P, "Urban Industrial Composition and the Spatial Expansion of Cities", *Land Economics*, Vol. 88, No. 4, 2012.

Carmignani F, "Introduction to Modern Economic Growth", *Economic Record*, Vol. 88, No. 281, 2012.

Carpenter S R, Mooney H A, Agard J, et al, "Science for Managing Ecosystem Services: Beyond the Millennium Ecosystem Assessment", *PNAS*, Vol. 106, No. 5, 2009.

Chen Z, Zong Y, Wang Z, et al, "Migration Patterns of Neolithic Settlements on the Abandoned Yellow and Yangtze River Deltas of China", *Quaternary Research*, Vol. 70, No. 2, 2008.

Costanza R, "The Ecological, Economic, and Social Importance of the Oceans", *Ecological Economics*, Vol. 31, No. 2, 1999.

Desolda G, Matera M, Lanzilotti R, "Metamorphic Data Sources: A User - centric Paradigm to Consume Linked Data in Interactive Workspaces", *Future Generation Computer Systems*, Vol. 102, No. Jan, 2020.

ElhorstJP, "Dynamic Spatial Panels: Models, Methods and Inference", *Journal of Geographical System*, Vol. 14, No. 1, 2012.

Gerlak A K, "The Yellow River: The Problem of Water in Modern China", *Global Environmental Politics*, Vol. 16, No. 1, 2016.

Greenwood J, Jovanovic B, "Financial Development, Growth, and the Distribution of Incom", *Journal of Political Economy*, Vol. 98, No. 5, 1990.

Hailu A, "Non - parametric Productivity Analysis with Undesirable-outputs: An Application to the Canadian Pulp and Paper Industry", *American Journal of Agricultural Economics*, Vol. 85, No. 4, 2003.

Hausmann R, Hidalgo C A, Bustos S, et al, *The Atlas of Economic Complexity*: *Mapping Paths to Prosperity*, Cambridge, MA: MIT Press, 2013.

Li Y and Cui Q, "Carbon Neutral Growth from 2020 Strategy and Airline Environmental Inefficiency: A Network Range Adjusted Environmental Data Envelopment Analysis", *Applied Energy*, Vol. 199, No. AUG. 1, 2017.

Marsh D. & Smith M, "Understanding Policy Networks: Towards a Dialectical Approach", *Political Studies*, Vol. 48, No. 1, 2000.

Meng L, Crijns – Graus W H J and Worrell E, et al, "Impacts of Booming Economic Growth and Urbanization on Carbon Dioxide Emissions in Chinese Megalopolises over 1985 – 2010: An Index Decomposition Analysis", *Energy Efficiency*, Vol. 11, No. 1, 2018.

Muhammad Fiaz, "An Empirical Study of University – industry R&D Collaboration in China: Implications for Technology in Society", *Technology in Society*, Vol. 35, No. 3, 2013.

Navalho I, Alegria C, Roque N, et al, "Mapping Forestlandscape Multifunctionality Using Multicriteria Spatialanalysis", *Floresta e Ambiente*, Vol. 26, No. 2, 2019.

OH D H, "A Global Malmquist – Luenberger Productivity Index", *Journal of Productivity Analysis*, Vol. 34, No. 3, 2010.

Pupier P, "Spatial Evolution of Cross – border Regions: Contrasted Case studies in North – West Europe", *European Planning Studies*, No. 2, 2019.

Qing Y, Xingzi W and Huimin M, "Assessing Green Development Efficiency of Municipalities and Provinces in China Integrating Models of Super – Efficiency DEA and Malmquist Index", *Sustainability*, Vol. 7, No. 4, 2015.

RégisChenavaz, "Dynamic Pricing, Product and Process Innovation",

European Journal of Operational Research, Vol. 222, No. 3, 2012.

Scholz J. T. &Wang Cheng – Lung, "Cooptation or Transformation? Local Policy Networks and Federal Regulatory Enforcement", *American Journal of Political Science*, Vol. 50, No. 1, 2006.

Tone K, "A Slacks – based Measure of Efficiency in Data EnvelopmentAnalysis", *European Journalof Operational Research*, Vol. 130, No. 3, 2001.

Yang Q, Wan X Z, Ma H M, "Assessing Green Development Efficiency of Municipalities and Provinces in China Integrating Models of Super – efficiency DEA and Malmquist Index", *Sustainability*, Vol. 7, No. 4, 2015.

Zhou Y N, *The Enlightenment of Shenzhen Science and Technology Financial Research to Ankang from the Perspective of Innovation Drive*, Atlantis Press, 2018.